혼자 강해지는 힘!
셀프 리더십

혼자 강해지는 힘! 셀프 리더십
서영 지민 그리고 승지의 혼자 서는 이야기

초판 1쇄 발행 | 2016년 5월 16일
초판 3쇄 발행 | 2022년 7월 1일

지은이 | 정경호
기획편집총괄 | 호혜정
편집 | 최운정
기획 | 진태희
표지·본문 디자인 | 김민정
교정·교열 | 호혜정 진태희

펴낸곳 | 리텍 콘텐츠
출판등록 | 제 2011-000200호
주소 | 서울시 용산구 원효로 153 원효빌딩 824호
전화 | 02-2051-0311 **팩스** | 02-6280-0371
이메일 | ritec1@naver.com
홈페이지 | http://www.ritec.co.kr
블로그 | NAVER [금융항아리] **카카오스토리채널** | [책속의 처세]
ISBN | 979-11-86151-05-1 (13320)

· 잘못된 책은 서점에서 바꾸어 드립니다.
· 책값은 뒤표지에 있습니다.
· 이 책의 내용을 재사용하려면 사전에 저작권자와 리텍콘텐츠의 동의를 받아야 합니다.

상상력과 참신한 열정 담긴 원고를 보내주세요. 책으로 만들어 드립니다.
원고투고: ritec1@naver.com

혼자 강해지는 힘!
셀프 리더십

서영, 지민, 그리고 승지의 혼자 서는 이야기

정경호 지음

차례 서영, 지민, 그리고 승지의 혼자 서는 이야기

제1부 나에게 명하노니, 나를 따르라!

서영의 방황 그리고 위선의 시작 · · · · · · · · · · · 12

나를 따를 때, 불안은 가능성이 된다! · · · · · · · · · · · 16

자기 자신과 인터뷰하라! · · · · · · · · · · · · · · · · · 21
서영 자신을 인터뷰하다

비겁해 지기보다 비전을 꿈꾸라 · · · · · · · · · · · 32
승지로부터의 영감. 비겁대신 비전이야!

"비전!" 나를 믿고 나를 실천하는 힘 · · · · · · · · 39
지민의 고백 그리고 긴 울림

제2부 이제 실전이다. 혼자 강해지는 힘을 길러라!

셀프 리더십, 자신을 스스로 깨부수는 수행 · · · · · 52
서영 드디어 갱생 프로젝트 시작하다

비전이 나를 경영한다! · · · · · · · · · · · · · · · · · · 68
서영의 혼자 서기 비전 프로젝트의 서막을 알리다

비전으로 향하는 징검다리, 목표! · · · · · · · · · · · 87
어린 승지의 조언이 서영을 깨우다

셀프 리더의 시간은 다르게 간다! · · · · · · · · · · · 103
오랜만에 조우한 지민. 시간사용법 노하우를 알려주다

나를 알아야 나를 다스린다! · · · · · · · · · · · · · · · 117
서영 갱생 프로젝트 시즌 2 '서영 진단검사'

팔로워십이 리더십을 만든다! · · · · · · · · · · · · · · 143
지민의 멘토 찾기 프로젝트

제3부 나는 곧 브랜드다! 퍼스널 브랜딩하라!

세상을 선도하는 브랜드 파워, 바로 당신! 158

퍼스널 브랜드는 나로부터 시작해 나로 끝난다 169
지민 퍼스널 브랜드를 구상하다

퍼스널 브랜드, 소문내고 자랑하라! 182

Best One Only One, Your Brand! 188
서영과 지민, 팀 블로그를 만들다

제4부 나에게로 기수를 돌려라!

나에게로 기수를 돌려라, 셀프 코칭! 200

삶을 바꾸는 제2의 천성, 습관! 208

나를 긍정하면 삶을 긍정하게 된다! 226
서영의 갱생 프로젝트 점검

가장 위대한 재능, 반복! 240

21세기, 리더의 조건도 달라졌다 247

다시 시작이다. 성공을 넘어 성장으로! 260
서영, 지민, 승지 성공을 넘어 성장으로

들어가며

　당신에게 한 가지 제안을 하겠다. 그 제안을 받아들일지 말지는 물론 당신이 결정한다. 자, 나에게 1백억 원이 있다. 이는 당신을 위해 준비한 돈이다. 당신이 한 시간을 잘 버텨준다면 1백억 원은 당신 것이 된다. 단 한 순간도, 1초도 불안해하지 않고 한 시간을 보낸다면 두 말 없이 당신에게 1백억 원을 건넬 것이다. 하지만 단 한 순간이라도 불안해한다면 당신은 죽는다. 검증은 거짓말 탐지기로 한다. 자, 내 제안을 받아들일 것인가?

　강연이나 모임 등에서 사람들에게 이렇게 질문하면 열이면 열, 난색을 보인다. 한 순간도 불안을 멈출 자신이 없는 것이다. 내가 이 시간을 잘 견딜 수 있을지, 정말 이 자가 내게 1백억 원을 줄 것인지부터 이번 달 대출금과 카드 값은 어떻게 다 갚을지, 인공지능이 사람을 이기는 세상인데 내 직업은 온전할지, 지금 다니고 있는 직장이 평생직장인지, 노후에 나를 어떻게 돌볼지 등 불안해할 이유는 너무나 많다. 그리고 나 말고도 거의 모든 사람이 그렇게 불안해한다. 그래서 나는 자신의 힘을 기르는 것이 무엇보다 중요하다고 사람들을 간곡하게 북돋는

다. 이는 내게도 일생의 과제이며 더 많은 사람과 함께 이루고 싶은 목표다. 그런데, 어느 날 내게 메일 한 통이 왔다.

"… 저는 그 제안을 받아들일 거예요. 1초도 불안을 멈추지 못하는 인생은 어차피 죽은 거나 다름없잖아요. 저는 제 인생을 그냥 두지 않을 거라고요. 뭐라도 할 거예요. 아, 그 1백억 원은 그냥 선생님 가지세요."

발신인은 엄마가 내 팬이어서 엄마를 따라 내 강연을 듣게 되었다는 승지라는 아이였다. 승지는 어리지만 저자인 나를 포함해 지금까지 만난 누구보다 자신의 인생에 당당하고 삶을 절실하게 여기는 사람이었다.

사실 나는 누구도 수락할 수 없을 제안을 했다고 늘 생각했었다. 지금 나이가 되기까지 같은 연배의 사람들 사이에선 드문 경험도 꽤 했고, 그만큼 부침과 풍파가 만만치 않았다. 그 끝에 깨달은 것은 현실은 언제나 불안정하며 그 불안을 잠재울 절대적인 정답 같은 건 절대 존재하지 않는다는 것이었다. 매 순간 내 앞에는 새로 열어야 할 문이 놓이고 그 문을 여는 열쇠는 매번 달랐다. 안락한 도착지는 없었다. 수많은 문을 수없이 새로 여는 그 과정이 삶이었다. 결국 자기 자신이 관건이었다.

신기하게도 이 나이가 되어서야 혹독한 경험을 한 후에야 깨달은 것을 승지는 본능적으로 알고 있었다.

30년을 뛰어넘어 승지와 나는 곧 친한 친구 사이가 되었다. 승지는 학교와 학원에서 만난 부모님, 친구 등 주위 사람들에 관한 이야기를 자주 들려주었고, 자신도 나처럼 사람들을 돕고 싶다는 말을 종종 했다. 승지의 이야기에서 특히 자주 언급되는 '친구들'이 있었다. 승지의 학원 선생님이었던 서영과 서영의 친구로 결혼을 앞둔 직장인 지민이었다. 나이 든 사람들만 친구로 두냐는 나의 농담에 승지는 진지하게 답했다.

"나이가 많고 적은 것이랑은 상관없이 주로 삶에 고민이 많고 괴로워하는 사람들과 친구가 되더라고요."

승지 말대로 서영과 지민은 삶을 즐기고 누리기보단 삶을 짐처럼 버겁게 짊어진 이들이었다. 자기 자신과 자신의 삶에 만족하지 못했고 자신은 완전히 탈락하고 실패했다는 좌절감을 느끼고 있었다. 삶을 바꾸고 싶지만 어떻게 해야 할지 알지 못해 더욱 괴로워했다. 그 괴로움은 필연적으로 미래에 대한 불안으로 이어졌다. 승지와 서영, 지민 세 사람은 서로 마음을 터놓으며 괴로움에서 벗어나려 애쓰고 있었지만, 갈피를 잡지 못하고 있었다. 승지의 이야기를 들으면 들을수록 그들에게 마음이 갔다. 두 사람의 고민에 대한 승지의 질문에 성심껏 답하고 그와 관련 있는 책도 추천해 주었다.

내친김에 그들을 더욱 적극적으로 돕고 싶었다. 서영과 지민에게 도움이 될 만한 이야기들을 승지를 통해 전하기 시작했다. 승지는 두 사람에게 나의 조언을 전했고, 그에 따라 조금씩 달라지는 그들의 모습을 내게 다시 전해 주었다. 두 사람의 얼굴빛이 조금 더 밝아지고 웃음소리가 조금씩 더 커지고 있다는 이야기를 들으니 내 일처럼 기뻤다. 서영과 지민은 주위의 도움을 받았지만 결국 자신을 스스로 이끌고 발전시켜 나갔다. 자기 인생에서 무엇이 가장 중요한지, 자신의 힘이 얼마나 강한지를 깨달았고 불안에 대한 답을 자기 안에서 찾기 시작했다. 그들은 지금도 자신을 성장시키고 더 발전하는 중이다.

어리지만 누구보다 당당하고 적극적인 승지를 우연히 만나 친한 친구가 되고, 승지의 소개로 서영과 지민에 대해 알게 되어 그들이 행복해질 수 있도록 돕고 응원할 수 있었던 것은 나에게 정말 큰 행운이었다. 승지가 들려준 이야기를 토대로 모두에게 행운이었던 그 여정을 기록하기로 마음먹었다. 그 기록은 자신의 힘으로 성장하고 싶은 사람들에게 큰 도움이 될 것으로 확신한다. 인생은 누구에게나 언제나 불안정하며 정답이 없다는 것이 축복이자 행운이 될 수 있다는 믿음도 더불어 가지게 될 것이다.

삶은 예측불허이기에 우리 모두 우연을 빌어 만날 수 있었고 자기 자신과 자신의 인생에 대해 치열하게 고민하며 살 수 있는 것이다.

처음으로 돌아가서, 당신은 1백억 원의 제안을 받아들일 것인가? 승지, 서영, 지민의 이야기에 당신도 함께한다면 이 제안에 답하기가 조금은 쉬워질지도 모른다. 이 흥미진진하고 즐거운 이야기에 여러분을 초대한다. 이 이야기기를 다 읽고 나면 스스로 더욱 강해진 자신을 분명 발견할 것이다.

혼 자 강 해 지 는 힘
SELF
LEADERSHIP

제1부

나에게 명하노니, 나를 따르라!

서영의 방황 그리고 위선의 시작

　직원들이 삼삼오오 무리 지어 모두 빠져나간 점심시간. 색색의 채소와 과일로 채운 도시락통을 열며 한숨 쉬는 서영이다. 색은 예쁘지만 도저히 손이 가지 않는다. 이번이 거짓말 조금 보태서 101번째 시도하는 다이어트다. 그동안 살인적인 식단 조절로 살이 빠졌다가도 이내 요요로 이전보다 더 찌는 불행을 겪었다. 그래도 이번은 독하게 마음먹고 두 달째 버티고 있다. 결전의 날인 대학 친구 지민의 결혼식까지 2주 남았는데, 다시 정체기인지 살이 빠지지 않는다.

　하지만 이런 기막힌 다이어트보다 서영을 더 힘 빠지게 하는 것이 따로 있다. 바로 지민의 결혼식이다. 물론 축하는 한다. 그렇지만, 열패감과 좌절감이 밀려온다. 지민은 대학교를 졸업하기 전 일찌감치 대기업에 입사했고, 8년 넘게 근속하며 연봉도 직위도 빠르게 오르더니 소개팅으로 만난 회계사와 3개월 열애 끝에 결혼을 결정했다. 최고급 호텔에서 하객 600명을 초대한다는 결혼식은 승승장구 지민 인생의 결정판이었다.

학생 때만 해도 서영과 지민은 특별히 다를 것이 없었다. 같은 학과를 다녔고, 성적, 외모, 인기 모두 고만고만했다. 다만 지민은 대기업 마케팅팀 입사를 꿈꿨고, 서영은 부모님의 직업을 따라 국어 교사를 지망했다. 둘 다 착실히 준비했다. 하지만 사회인이 된 지금 지민은 자신이 원했던 바를 하나씩 이루며 연일 승전보만 전해오는데, 서영은 패배의 연속이었다.

임용고시에 응시했지만 두 해 연속 1차 필기시험을 넘지 못했다. 과외교사와 수험 경력을 살려 기간제 교사 채용에 지원했지만 모두 떨어졌다. 수험을 잠시 쉬고 교육계 기업 구직에 나서 각종 자격증을 취득해 이력서를 채웠다. 수차례 불합격 끝에 마지막 기업에서 합격 통보를 받았다. 인터넷 강의 콘텐츠를 기획하고 구성하는 일이었다. 하지만 6개월 만에 퇴사했다. 아무리 교육 콘텐츠 관련 업무라도 교육자가 아닌 기획자로서의 자신을 도저히 용납할 수 없었다. 이후, 경력을 쌓고 보람도 느낄 수 있으리라 생각해 중등 국어 학원 강사로 다시 취직한 것이 3년째다. 하지만 학원으로부터 해고 통보를 받았고, 이번 달을 끝으로 학원에서도 나가야 한다.

서영은 자신을 더 이상 교육인으로 생각하지 않았다. 아이들은 서영을 돈만 넣으면 문제와 해설을 뱉어내는 시험 문제 자판기로 여기는 것만 같았다. 학부모에게 영업 전화를 걸 때면 ARS 상담원처럼 느껴졌다. 자괴감과 타성에 젖어 교수법 연구도 게을리했다. 그러자 서영을 '못 가르치는 선생'이라고 불평하는 아이들도 생겼다. 서영은 학창 시절 자신이 무시했던 선생님처럼 자신도 열의 없고 무능한 "빨간 줄, 밑줄 쫙" 만 외치는 앵무새가 되어버렸음을 깨달았다.

 교육인이 되고 싶은 열망에 어렵게 들어간 회사도 나왔는데, 막상 아이들을 가르쳐보니 교육 역시 자신의 길이 아닌 것 같았다. 학원과 학원의 특성 차이라고 스스로를 달래보려고도 했지만, 아이들이 더 이상 예뻐 보이지도 않았다. 아이들을 사랑하지 않는 교사라면 서 있는 자리가 학원이든 학교든 다를 것이 없었다. 학원도 학교도 참교육자가 있어야 할 곳이다. 꿈이 망가졌고 미래는 더 불안하다. 자신이 무슨 일을 하고 있는지, 무슨 일을 하고 싶은지도 이제는 알 수가 없었다. 자신 있는 것이 아무것도 없었다.

 서영은 자신의 삶을 바꾸고 싶지만 더는 방법이 없는 것만 같았다. 지금 당장 할 수 있는 일은 다이어트뿐이라고 생각했다. 신부보다 늘씬한 모습으로 예쁜 옷을 입고 행복을 가장하는 일. 실패와 패배는 없는 일인 듯 완벽한 화장으로 감춰버려야 한다. 서영은 결혼식에서 만날 친구들 앞에서 어떤 모습을 보이느냐에 따라 인생의 성패가 결정된다고 생각했다. 행복과 불행은 타인을 통해야지만 정확히 그 모습이 드러난다고 생각했다. 서영을 바라보는 상대의 선망 어린 눈빛, 감탄하는 입모양, 부러움 섞인 미간의 주름은 서영의 행복을 평가해 줄 것이다. 그를 보고 서영은 불안과 좌절감을 잊고 스스로 행복하다고 믿을 것이다. 그 행복의 얼굴을 확인하기 위해서 상대에게 완벽해 보여야만 했다.

"나를 따르라!"

서영의 삶을 이끄는 이, 서영이 쫓는 이는 누구인가? 지금, 당신의 삶을 이끄는 이는 누구인가?

이 질문의 답은 제1부를 모두 읽은 뒤 외치기로 한다.

나를 따를 때, 불안은 가능성이 된다!

서로 말하지 않지만 현대인 대부분이 현재에 대한 확신과 미래에 대한 자신감이 없어 불안해한다.

한 취업사이트 조사에 따르면, 직장인의 60% 이상이 하루 1~2시간을 자기계발에 투자하고 있으면서도 현재 '내가 고쳐야 할 가장 큰 문제점'으로 응답자의 35%가 '미래에 대한 준비 부족'을 꼽았다고 한다. 이런 불안과 스트레스로 부쩍 늘어난 강박장애 환자 중 미래를 준비해야 하는 20대의 발병률이 압도적으로 높고, 한창 현업에서 뛰고 있는 30대와 40대가 그 뒤를 따른다. 이런 실정이다 보니 자기계발 서적은 베스트셀러 도서목록에서 내려올 줄을 모른다.

그러니까 겉보기에 성공한 삶 같은 사람들도 열 명 중 여섯 명 이상은 '패배'한 서영만큼이나 늘 불안에 떨고 있고, 그 불안 때문에 그 중 몇몇은 물건의 색과 열을 맞추지 않으면 참을 수 없고, 손 씻기로 하루를 보내는 강박장애에 시달린다. 다른 이들이 보기에 완벽한 조건을 갖춘 사람도 자신의 미래는 한 치 앞도 알지 못한다. 불안은 우리를 평생

쫓아다닐 스토커다.

　누구에게도 확실한 미래는 보장되어 있지 않다. 미래는 누구에게나 불투명하다. 남과 같을 수도 없고, 선례도 찾아볼 수 없다. 새로운 길을, 그 불확실성을 돌파하며 나아가야 한다. 그러니 어쩔 수 없는 불안에 힘을 쏟지 마라. 내 미래를 보장해 줄 사람은 나뿐이다. 미래는 내가 지금 하는 행동에 달렸다. 미래가 두렵거나 불안하고 궁금하다면, 나 자신의 힘에 주목해야 한다. 인생의 목표를 스스로 설정하고, 그 목표에 매진할 수 있도록 자신을 통제하고 관리할 수 있는 강력한 힘을 길러야 한다. 나의 리더는 오로지 나뿐이다.

　'코이'라는 일본 잉어가 있다. 이 물고기는 작은 어항에 넣어 키우면 5~8센티미터 정도밖에 자라지 않지만, 조금 더 큰 수족관이나 연못에서 키우면 15~25센티미터까지 자란다. 넓은 강에서 살도록 하면 90~120센티미터까지도 성장한다.
　코이는 자신에 부여된 한계 내에서 성장한다. 서영도 코이처럼 5센티미터만큼의 미래, 작은 어항만큼의 가능성이 자신의 전부라고 생각하고 있는 것은 아닐까. 부모님의 직업이나 어른들이 좋다고 말하는 직업, 남들이 선망하는 직업 말고도 세상에는 너무나 많은 직업이 있고, 그 중 서영이 정말 좋아하고 더 잘 할 수 있는 일도 있었을 것이다. 또한, 교육이라는 특정 분야 안에서도 관련된 여러 직업을 탐색하며 학교

교사 하나로만 자신을 제한하지 않을 수 있었다. 세상이 말하는 좋은 미래, 세상이 단정하는 가능성에 자신을 가둬버리지 않았다면 서영은 넓은 강에서 자신을 마음껏 긍정하며 성장할 수 있었을 것이다.

내 한계의 끝은 내가 정한다. 내 가능성은 내가 판단한다. 내 미래는 내가 만든다. 다른 누구에게서가 아니라 내 안에서, 나를 만드는 힘을 끌어내자. **나의 한계를 부수고 잠재력을 깨워 내 능력을 발휘하도록 할 수 있는 이는 바로 자신뿐이다. 우리의 진정한 리더는 자신뿐이며, 자신에 대한 탁월한 리더만이 인생의 주인이 될 수 있다.**

10년 전만 해도 저자인 내가 지금과 같은 모습으로 살아가리라고는 상상도 하지 못했다. 사회 초년생 시절, 나도 서영처럼 다른 사람들이 모두 좋다는 보장된 길만을 쫓았다. 내가 해야 하는 일은 '먹고 사는 일'이라고 생각했고, 그에 따라 안정적인 직장을 선택했다. 그런데, 남들이 모두 옳다고 하는 방식으로 살면서 내가 마땅히 해야 한다고 생각하는 일을 하는데도 행복하지 않았다. 남들도 그렇게 살고 나도 그것이 옳은 줄로만 배웠으니 행복해야 당연한데, 오히려 나날이 불만족이었다.

'지금 이 모습으로 평생을 살아가야 하나, 내가 할 수 있는 일이 지금이 일뿐인가.' '내가 알지 못하는 나, 내가 경험하지 못한 즐거움이 있지 않을까.' 안정적인 생활을 흔드는 호기심과 열정이 끓어올랐다. 결국, 직장 생활을 지속할 수 없었다. 이후 오랜 시간 '먹고 사는 일'과 '진정한 꿈' 사이를 방황했다.

  방황을 거듭하며 내가 무엇을 할 때 가장 즐거운지 찾아냈다. 사람을 만나고 그들 앞에서 이야기할 때 가장 신이 나고 행복하다는 것을 알았다. 어릴 때부터 말솜씨가 좋았고 웅변도 곧잘 했는데, 자라면서 '먹고 사는 일'에 매진하느라 그 기쁨은 내 삶의 주인공 자리에서 멀어졌다. 다시 '먹고 사는 일'을 내려놓고 내가 가장 좋아하는 내 모습대로 살았더니 사람들도 호응해 주기 시작했다. 내 이야기를 즐겁게 들어주면서 능력을 인정해 주기 시작한 것이다. 점점 더 소통의 재미가 커졌고 자신감도 생겼다.

  30대 후반, 새로운 비전이 생겼다. '최고의 강연가'가 되는 것! 그 비전을 실현하기 위해 노력했고 우연한 계기로 기업과 대학에서 강의를 하게 되었다. 이후 지금까지 그 일을 마음껏 즐기며 하루하루 행복을 확인한다. 비전을 향해 나아가면서, 동시에 매 순간 비전을 실현하고 있다. 내가 세운 비전을 향해 나아가며 행복을 느끼는 내 모습이 비전의 실현이기도 한 것이다.

  내가 그랬던 것처럼 서영의 10년 후는 누구도 예상하지 못한 모습이 될 수 있다. 내가 나를 이끄는 힘, 셀프 리더십을 발휘할 수 있다면 말이다.

  셀프 리더십은 말 그대로 자신에게 리더십을 행사하는 것이다. 내가 나를 이끈다는 것은 단순히 다른 사람들 사이에서 내 주장을 밀어붙이거나 고집을 세우는 것을 말하는 게 아니다. 내 인생을 나 아닌 다른 어떤 기준에도 맡기지 않겠다는 태도다. 내가 원하는 인생을 내가 결정하고 그를 실현하기 위해 체계적으로 나를 설계하는 일이다.

'언제나 사람들이 즐겁게 나를 찾아오는 소통멘토의 삶'이 궁극적 목표이자 꿈, 비전이라고 하자. 그렇다면 그를 이루기 위해 사람을 많이 만나고 나서서 말을 하는 직업인 교사나 교수, 여행 가이드나 문화재 해설사, 좀 더 확장해 기자나 광고기획가도 될 수 있을 것이고, 관련된 여러 직업을 거치며 자신을 단련시킬 수도 있다. 사람들에게 좋은 인상을 줄 수 있도록 패션에 관심을 기울이고, 꾸준히 발성 연습을 하며, 풍부한 이야기를 할 수 있도록 독서도 게을리 하지 않을 것이다. 직업과 습관, 일상의 모습은 나의 비전을 실현하기 위한 노력의 일환이다. 비전이 명확하면 매일의 목표가 분명해지고, 하기 싫은 과업에도 체계적으로 접근할 수 있게 된다.

분명한 목표를 가지고 그를 위해 정확하고 용감하게 행동하라. 목표는 사회적 기준과 조건, 상황에 따라 변하고 바뀌는 것이 아니라 확신과 신념을 토대로 언제나 분명하고 흔들리지 않는 것이다. 그리고 **목표를 위해서는 기꺼이 좁은 길, 좁은 문이라도 들어서며 묵묵히 전진해야 한다.** 이것이 바로 내 삶을 바꿀 셀프 리더십이며, 행복을 거머쥐는 길이다.

자기 자신과 인터뷰하라!
서영 자신을 인터뷰하다

"서영 씨, 안녕하세요? 지금부터 서영 씨와의 인터뷰를 시작하겠습니다."

"바빠 죽겠는데 인터뷰는 무슨……. 저, 인터뷰할 만큼 대단한 사람도 아니에요."

"바쁘니까 꼭 인터뷰해야죠. 지금 서영 씨 머릿속이 뒤죽박죽일 테니 정리가 필요하지 않겠어요? 그리고 나한테 가장 대단한 사람은 서영 씨예요. 다른 누구보다 가장 중요한 사람이라고요."

"흠흠, 간지러운 말 그만하고 인터뷰나 빨리하죠."

"그러죠. 서영 씨는 뭘 하느라 이렇게 바쁜 거죠?"

"당연히 일이죠. 게다가 저 잘려서 인수인계도 해야 하고 정리할 게 많아요."

"잘려요? 그럼, 앞으로 어떻게 할지 계획은 있어요? 뭘 하면서 놀지, 어떤 일을 할지 같은 것 말예요."

"모르겠어요. 생각해 본 거 없네요."

"직장에선 왜 잘린 거예요?"

"……. 그야 제가 일을 못했으니까 잘렸겠죠."

"물론 직장에선 성과를 내지 못하는 사람을 필요로 하지 않지만, 시스템의 효율 문제 때문에 직원 개인의 잠재력이 제대로 인정받지 못하는 경우도 있어요. 그러니까 반성도 필요하지만 무조건 자책만이 답은 아니에요. 서영 씨는 이 직장에서 하는 일을 좋아했나요? 스스로 생각하는 업무 능력도 회사에서 내린 결정과 같나요?"

"어렸을 때, 엄마께서 교사 퇴직 후에 동네 아이들을 모아서 방과 후 공부방을 하셨어요. 그때 학교도 아직 안 들어간 어린 꼬마들이 모이면, 제가 이것저것 가르쳐주고 책도 읽어주었죠. 같이 놀아주기도 하고요. 아이들이 절 잘 따랐어요. 우리 엄마도 달래지 못한 우는 아이를 저는 달랠 수 있었죠. 어떤 아주머니는 그런 우스갯소리도 하셨어요. 우리 엄마보다 저를 보고 아이들을 맡긴다고요. 그렇다고 교사가 되고 싶다는 생각을 딱히 한 건 아니었는데 부모님 직업도 교사셨고, 여자한테는 그만한 직업도 없다느니 하면서 주변에서 교사를 강권했어요. 다들 좋다고 하고, 나도 아이들과 있을 때 편안했던 것 같으니까 선생님도 괜찮지 않을까 싶었죠. 그런데 임용고시에는 계속 떨어지고, 막상 학원에서 아이들을 가르쳐보니 가르치는 일을 잘하지도 못하고 좋아하지도 않더라고요. 지금까지는 가르치는 일 이외에 다른 일을 하는 저를 상상도 해 본 적이 없어요. 그냥 이 길이 저의 유일한 길이고, 가야만 하는 길이라고 생각했어요. 그런데 그게 아니었다는 걸 이제야 알았으니. 나이는 많은데 지금까지 내가 뭘 해온 건지 앞으로 뭘 해야 할지 모르겠어요. 사실, 여기서 나가라고 했을 때도 별 생각이 없었어요. '그래, 내가 그렇지 뭐.' 그런 생각밖에 안 들었어요."

"그렇군요. 서영 씨 스스로를 모르겠다는 거군요. 모르겠으면 일단 모르는 대로 둬도 좋지 않을까요? 스스로를 모르겠다는 건, 말 그대로 정말 모르겠다는 것뿐이지 서영 씨가 없어도 되는 사람이라거나 가치 없는 사람인 건 아니잖아요. 교사라는 직업을 결심하기 전에 서영 씨가 안다고 생각했던 스스로의 모습이 사실은 답이 아니었다는 걸 지금 알게 됐다면 그냥 다시 생각해 보면 되는 거잖아요? 어렸을 때는 어른들이나 다른 사람들의 영향력이 컸지만, 이제는 서영 씨가 스스로에게 가장 큰 영향력을 행사하면서 하고 싶은 대로 해도 되잖아요. 모아둔 돈이 떨어질 때까지 쉬고 놀고 그때그때 서영 씨가 하고 싶은 것도 하면서 말이죠. 오로지 자기를 위해서 하는 수많은 작고 큰 일들이 모여서 서영 씨 자신이 되는 거죠. 그렇게 스스로를 알아가게 되지 않을까요?"

"하지만 저는 더 이상 어리지 않아요. 친구들은 결혼하고 아버지는 은퇴가 가까워져 와요. '고민하는 사람'은 어른으로 인정받을 수 없어요. 적어도 사회에선 저는 필요 없는 사람, 가치 없는 사람이 되는 거예요. 그런 건 다 무시하고 나 혼자 '내 인생은 내 거'라면서 자위한다고 내 가치가 지켜지는 건가요?"

"그래서 그렇게 죽도록 다이어트를 하는 거예요? 친구들이 결혼하고 아버지의 은퇴가 가까워져 오니까?"

"이봐요, 그게 무슨 말도 안 되는 소리예요?"

"딸, 친구, 어른이라는 사회 속에서의 역할도 있다는 건 맞아요. 그런데 그것을 위해서 서영 씨가 지금 하고 있는 일에는 무엇이 있죠? 그리고, 그렇게 하면 서영 씨는 사회에서 부끄럼 없이 제 몫을 다 해내는 게 맞나요?"

"다이어트가 나빠요? 날 위해 노력을 쏟는 일인데?"

"다이어트가 전부라고 생각하는 건 나쁘죠. 겉모습만 바뀌면, 그것도 자신의 기준이 아니라 남들이 세워놓은 기준에 맞춰 바뀌면, 스스로 행복하고 떳떳해질 수 있다고 생각하는 거잖아요."

"다른 사람들이 칭찬하고 인정해 주는 게 내 마음에 뭐가 나쁘죠?"

"다른 사람들이 다 좋다고 하니까, 인정해 주는 직업이니까 하면서 선택한 게 교사 아니었어요? 또다시 같은 과정을 겪겠다는 거예요? 물론, 다른 사람들이 좋다는 것이 나한테도 좋을 수도 있죠. 하지만 서영 씨는 그게 아니란 걸 이미 알면서, 자기 자신과 마주 보고 제대로 고민할 용기가 없으니까 도망가고 있는 거잖아요. '내 결정이 아니었어!' 하면서 말이에요!"

"싫어! 이제 그만! 다 그만 둬!"

서영이 자신과 나눈 첫 번째 인터뷰는 이렇게 끝이 났다.

성공적이었다. 실패 같은데 무엇이 성공적이냐고? 서영은 자신에 대한 어떤 결정도 확신도 얻지 못했다. 하지만 자신의 현재와 미래에 대해 자기 자신과 진심으로 대화를 나눴다. 인정하기 힘든 자신의 모습과 마주하는 일, 지금까지와는 다른 방식으로 자신을 돌이켜 보는 일은 무척 힘들다. 마음속 생살을 찢으며 자신을 파헤치는 일이다. 서영은 이 일을 해냈다. 셀프 리더십을 갖추기 위해 가장 먼저 해야 할 일을 해냈다.

서영처럼 바쁜가? 도대체 무엇 때문에 바쁜가? 내 마음속 허상에 쫓겨 바쁜 것은 아닌가? 그러면 ……. 직업에 만족하는가? 내가 하고 있는 일을 좋아하는가? 지금의 내 모습과는 다를 가능성은 없는 것인가? 무엇을 할 때 가장 행복한가? 지금의 나 자신을 좋아하는가?

인터뷰를 위해 특별한 시간과 공간을 마련할 필요는 없다. 차분한 마음, 조용한 장소면 충분하다. 가볍게 오를 수 있는 산이면 더욱 좋다. 중요한 건 반드시 자신의 소중한 이름을 불러주면서 자신과 대화를 시작하는 것이다.

"○○야, 직장생활에 고생이 많지?"
"○○야, 정말 하고 싶은 것이 무엇이니?"
"○○야, 어떤 것을 할 때 가장 행복해?"

자신에게 이러한 질문을 단 한 번도 던져본 적이 없다면, 안타깝지만 그 사람은 자신의 삶에 그 무엇도 진정인 것이 없었던 사람이다. 체면 때문에, 인정 때문에, 주변의 평판 때문에 당신의 삶의 길을 역행하지 말라. 누군가 때로는 나이를 들먹이며 아무런 도움도 되지 않는 쓸데없는 지적을 해댈 때도 있을 것이다. 그때는 이렇게 말하라.

"너나 잘하세요!"

인생에는 정답이 없다. 당신의 삶 또한 정해진 것 없이 오롯이 당신이 주인이다. 진정으로 자신의 내면과 소통하자. 진솔하게, 그리고 치열하게 소통하자. 그리고 스스로 평가해 보자.
그것이 셀프 리더십을 위해 반드시 선행해야 할 과제다.

미국 조지아 주의 작은 아파트에 사는 20대 중반의 여성 사라 블레이클리(Sara Blakely)는 매일 밤 집에 돌아와 아직도 귀에 쟁쟁한 "No!"를 떨치려 애썼다. 매일 당연하다는 듯 그녀를 향해 안 된다고 말하는 사람들 앞에서 "너나 잘하세요!"라고 말해 주진 못했지만, 자신을 가장 잘 알고 자신을 전폭적으로 믿어주는 한 사람에게 끊임없이 자신에 관해 물으며 모든 비관과 부정에 맞섰다. 자신이 원하는 것, 자신의 가능성, 자신이 계획하는 일의 아주 사소한 것까지 그 사람에게 집요하게 물었고 늘 긍정적인 답을 얻었다. 그 작은 아파트에서, 그 넓은 세상에서 자신에게 언제나 "Yes!"라고 답해 주는 이는 단 한 사람, 사라 자신뿐이었다.

그녀는 어려서부터 다른 이들이 찾지 못하는 기회나 문제를 포착하는 데 탁월했다. 핼러윈 데이에는 유령의 집을 만들어 친구들에게 입장료를 받았고, 해변 호텔 옆에서는 호텔보다 저렴하게 탁아 서비스를 하기도 했다. 대학 시절에는 여성의 외모가 아니라 내면의 힘을 강조하는 활동에도 적극적이었다. 자신을 믿고 자신의 생각을 행동으로 옮기는 데 주저하지 않았다. 그런 태도는 시련 앞에서도 굴하지 않았다. 가세가 기울고 로스쿨 진학에 실패하면서 놀이공원에서 인형 탈 아르바이트를 하고 이 집 저 집 문을 두드리며 팩스기를 팔아야 했지만, 도약할 새로운 기회를 늘 탐색했다.

그러던 어느 날 드디어 번뜩이는 아이디어가 떠올랐다. 파티에 갈 준비를 하며 옷을 입다가 '스타킹을 신으면서 샌들을 신을 수 없을까?'란 의문이 들었던 것이다. 그녀는 스타킹의 발 부분을 가위로 싹둑 잘라내 착용했고, 그 자른 스타킹이 스타킹 본연의 몸매 보정 효과를 내면서 동시에 원하는 신발을 자유롭게 신을 수 있도록 하는 혁신적 아이디어임을 깨달았다. 이를 제품으로 만들면 분명 모두가 좋아하리라는 확신이 들었다. 즉시 사업 준비에 착수했다. 퇴근 후 밤마다 컴퓨터 앞에 앉아 각종 스타킹을 찾아보며 특허 조항과 제품 판매처, 제조 공장 등을 정리하였다. 원단과 디자인도 혼자 연구했다. 마침내 제품을 완성하고 특허 전문 변호사들을 찾아갔지만 모두 코웃음을 쳤고, 사라는 혼자 특허 출원 방법을 공부해 체형보정속옷 특허를 받았다. 이렇게 체형보정속옷 전문 기업 스팽스(Spanx)가 탄생했다. 변호사뿐 아니라 사업 설명을 들은 공장 사장 등 모두가 가망이 없다고 "No!"를 외쳤지만, 그녀는 꿋꿋이 주문접수부터 포장, 발송까지 혼자 처리했다.

신생 기업으로서 시장에서 유례를 찾아볼 수 없는 신제품을 홍보하려면 광고가 필수적이었다. 하지만 자본금 겨우 5천 달러로 시작한 그녀에게는 그럴 여력이 없었다. 하지만 그녀에게 '당연히 안 되는 것'은 없었다. 광고를 하는 대신 직접 뛰었다. 여성잡지 기자들에게 편지와 샘플을 보냈고, 백화점을 찾아 온종일 서서 직접 고객들에게 제품을 설명했으며, 백화점 구매담당자를 직접 만나 유통망을 뚫었다. 사업 시작 3년 후, 그녀의 방식이 옳았다는 것이 입증되기 시작했다. 저인망식 광고를 통해 알음알음 전해지던 스팽스 제품이 오프라 윈프리(Oprah Winfrey)의 개인 스타일리스트에게까지 들어갔다. 오프라 윈프리가 자신의 방송에서 스팽스 제품을 "내가 반해버린 속옷"이라고 찬사하자 그야말로 대박이 났다. 전 세계적으로 선풍적인 인기를 끈 것은 물론 마돈나, 기네스 팰트로, 비욘세, 타이라 뱅크스 같은 할리우드 스타들도 스팽스의 열성 고객이 되었다. 5천 달러에서 시작한 스팽스는 3년 만에 매출 1억 달러를 돌파했다.

사라 블레이클리는 이후로도 광고 없이 직접 TV 토크쇼 등에 출연하고, 제품을 직접 착용해 고객들에게 시연하며 홍보했다. 스타킹은 여성용품이라는 인식을 깨고 남성용 제품도 개발했다. 스팽스는 이후 10여 년 동안 지속해서 성장하여 세계 40여 개 국가에 1만1천5백 개의 매장을 열었다. 창업자 겸 공동 CEO인 사라 블레이클리는 2012년 미국 경제 전문지 〈포브스(Forbes)〉의 '세계 최연소 자수성가형 여성부자'에 선정되었다. 개인 자산은 10억 달러(약 1조 2천억 원)를 넘겼다. 블레이클리는 여전히 제품개발회의에서 반(半)나체로 직접 속옷 신제품을 입어보고 의견을 제시한다. 스팽스는 부채 제로, 광고 제로, 상장도 하지 않은 회사로 그 제품만큼이나 전무후무한 기업이 되었다.

"최상의 '포커스 그룹'(focus group; 토의 주제나 쟁점을 두고 그 쟁점의 시험을 위해 표본집단이 된 사람들의 모임)은 바로 나 자신이다."

"마음속 깊은 목소리가 당신에게 힘을 부여토록 해야 한다. 내부의 여러 목소리로 지레 겁먹는다거나 두려워하면 안 된다. 나에게 '배짱을 믿는다'는 건, 모든 사람이 그동안 해왔던 일들과는 다른 시도를 해볼 수 있다는 걸 의미한다."

사라 블레이클리는 다른 사람이 아니라 자신에게 가장 먼저 질문하여 늘 확고한 지지와 신뢰, 두둑한 배짱을 응답받았다. 세계 여성 기업가들의 아이콘이자 누구도 시도하지 못한 방법으로 자신의 인생을 개척한 셀프 리더의 시작은 바로 자신의 '마음속 깊은 목소리'였던 것이다.

이제 당신 차례다. 당신에게 질문하고 당신의 마음속 깊은 목소리에 귀를 기울여라.

당장 종이 한 장과 연필을 준비하자. 준비되었다면 연필을 들고 자기만의 목록을 만들어보자.

먼저 내가 좋아하는 일을 써보자. 어떤 것이라도 좋다. 노래 부르기, 춤추기, 남 앞에서 말하기, 산에 오르기 등 생각나는 대로 순서에 상관하지 말고 모두 써보자.

다음에는 특별히 잘하는 것과 의미 있게 생각하는 것을 써보자. 아주 사소해도 괜찮다. 다른 사람들이 좋다고 하는 것, 안 된다고 하는 것에 구애받을 필요도 없다. 내 마음속 목소리가 들려주는 대로 마음껏 써보자.

그리고 나서 우선순위를 매겨서 다시 나열해 보자. 여기까지 모두 마쳤으면 목록을 들여다보며 공통점을 찾아보자. 무엇이 보이는가?

조급할 것 없다. 몇 시간이 걸려도 좋다. 나를 위한 일에 시간과 인내가 필요한 것이 당연하다.

이제 찾았는가? 그렇다면 그 공통점이 가리키는 것이 무엇인가? 그

것이 바로 당신의 삶의 방향이자 비전이 될 가능성이 크다.

자신을 알기 위해, 자신을 제대로 발휘하기 위해 자신과 진심으로 소통하는 용기. 끝까지 자신을 포기하지 않는 그 용기가 당신을 바꿀 것이다. 셀프 리더십은 그 용기에서 출발한다.

오, 인간이여
그대가 약하든 강하든 쉬지 말라
혼자만의 고투를 멈추지 마라.

세상은 어두워질 것이고
그대는 불을 밝혀야 하리라
그대는 어둠을 몰아내야 하리라.

오, 인간이여
생이 그대를 저버려도 멈추지 마라.

— 마하트마 간디

비겁해 지기보다 비전을 꿈꾸라
승지로부터의 영감. 비겁대신 비전이야!

"선생님, 정말이에요? 그만둔다면서요?"

"누가 그래?"

"엥? 선생님은 몰라요? 다 알던데."

중학교 특목고 논술반 수업을 끝냈을 때 3학년 여학생 승지가 강의실에서 꾸물대더니 서영에게 말을 붙여왔다.

"나도 알아. 이번 달이 끝이야."

"그동안 즐거웠어요, 선생님."

"네가 즐거워하는 줄은 몰랐는데, 고마워."

"뭐, 공부를 즐거워서 하는 건 아니니까요. 그냥, 선생님이랑 나랑 좀 비슷하다고 생각했거든요."

"너랑 나랑? 어떤 점이?"

"그냥, 뭐……. 선생님은 우리한테 꿈이 뭐냐고 한 번도 안 물어 봤잖아요. 중학생 특목고 준비반이라고 하면 사람들 전부 하고 싶은 일이 뭔지, 꿈이 뭔지 물어봐요. 의도는 다양하겠죠. 쪼그만 애가 어른들 하라는 대로 로봇처럼 사는 것 같으니 불쌍하거나 비꼬고 싶은 마음도 있겠고, 벌써 진학을 준비한다니 대단하다고 생각해서 궁금해 하기도 하겠고. 근데 선생님은 우리한테 한 번도 물어본 적이 없어요."

"꿈을 물어보지 않는 게, 너랑 나랑 비슷한 점이야?"

"봐요. 모르는 척하는 것도 비슷하다니까. 뭔가가 되고 싶고 뭔가를 하고 싶어서 공부하는 게 아니란 것을 아는 점이 비슷하다고요. 솔직히 꿈을 이루기 위해서 공부를 한다는 게 말이 돼요? 지옥을 피하려고 공부하는 거죠. 선생님도 그렇게 생각하니까 우리한테 꿈이 뭐냐고 물어본 적도 없고 우리 엄마도 안 좋아하는 거잖아요. 나도 내 꿈이 궁금한 적도 없고 꿈도 없어요, 우리 엄마도 안 좋아해요. 완전 비슷하잖아요?"

서영은 할 말을 잃었다. 갑자기 날아온 축구공에 맞은 기분이랄까.

"선생님이랑 비슷하긴 하지만 난 선생님처럼 학원 강사는 하기 싫어요. 그래서 공부하는 거예요. 공부해서 돈 많이 벌 거고, 내 딸은 특목고 입시 안 시키고 그냥 조기 유학 보낼 거예요. 아, 어쨌든 선생님이 관둘 줄은 알았지만 그래도 나 고등학교 입학할 때까진 있을 줄 알았는데, 아쉽다. 선생님 결혼해서 관두는 거예요?"

서영은 1년 동안 봐왔던 승지의 얼굴을 그 날 처음 본 듯 낯설게 바라보았다. 서영 자신이 바로 이렇게 보일까.

서영은 깨달았다. 대학 전공도, 직업도, 직장도 모두 다른 사람들이 좋다는 것을 따랐을 뿐이지 그를 통해 뭔가를 이루고 얻으려 한 것은 아니었다는 것을. 그렇게 하지 않으면 무시당할까 봐, 남들이 말하는 '평범'하고 '안정적인' 삶에서 탈락하게 될까봐 두려웠기 때문에 이 모든 선택을 해왔다는 것을 말이다.

　서영은 승지의 말에 동조해야 할지 반박을 해야 할지 엇갈리는 심정으로 텅 빈 강의실에 서 있었다. 승지의 말은 맞지만, 틀렸다. 꿈이 없는 사람은 없다. 다만 그 꿈이 이상을 말하는가, 악몽을 말하는가의 차이가 있을 뿐이다.

'내 딸은 공부 스트레스 없이 자신의 힘으로 자기 인생을 선택하며 살아갈 수 있는 20년 후의 미래'가 자신의 이상향이라면, 그것을 이루기 위해 '지금 내가 무엇을 해야 하는가'를 질문하고 그 답을 실천하도록 이끄는 등대가 비전이다. '최고의 교육/복지 정책기획가'가 그 비전이 되어 관련 전공 공부를 해야겠다고 결심하거나, '내 딸 세대의 아이들이 즐기고 생각할 수 있는 동화를 만드는 작가'가 비전이 되어 습작에 매진할 수도 있다. 그러나 자신이 가진 꿈이 '굶어 죽지 않아야' 하고 '우리 엄마처럼 살지 않아야' 하는 악몽이라면 비전 대신 비겁해지기를 선택하게 된다.
　내가 가지고 있거나 가지게 될 지위와 부를 잃지 않기 위해 불의에 비겁해지고, 내 욕구에 비겁해진다. 우리가 무엇을 상상하게 되느냐에 따라 비전이 시작되느냐 비겁이 시작되느냐가 결정된다.

물론 겁이 없는 사람은 없고, 매서운 세상에선 돌다리를 두들겨 보고 뜬구름을 가려내는 지혜로운 두려움이 필요하다. 하지만 각자 자신이 상상하는 미래는 어차피 모두 허구다. 천국을 상상하든 지옥을 상상하든 아직 일어나지 않은 일이고, 이후 자신의 노력과 선택에 따라 얼마든지 달라질 수 있는 미지의 것이다.

이왕 허구를 꿈꾸는 것이라면 굳이 두려움을 선택할 이유가 무엇인가. 누구도 알지 못하고 무엇도 보증해 주지 않는 두려움과 허상에서 도망치는 데에 인생 전부를 써 버릴 것인가. 허상에 목이 졸려 자신이 원하는 바를 단 한 번도 인정하지 못하고 허깨비로 생을 보낼 것인가. 그런 이는 살지도 죽지도 못한다. 살아서 자신인 적이 없으니 죽어 없어질 인생도 없는 것이다. 그러니 자신이 원하는 모습, 아름다운 이상을 꿈꾸는 것이 합리적이다. 그리고 지혜로운 두려움을 발휘하여 그 이상이 현실에서 안착할 수 있도록 명확한 비전을 세우고 체계적인 실천 방법을 계획해야 한다.

우리를 두려움에 떨게 하는 허구는 매우 다양하지만 대부분 '돈'으로 수렴된다. 삶의 거의 모든 교환 수단이 바로 돈이기 때문이다. 돈을 벌지 못할까 봐 또는 돈을 잃을까 봐 꿈을 포기하거나, 남의 꿈을 자기 꿈인 줄 착각하는 일은 수두룩하다. 저자인 나도 다르지 않았다.

 직장생활을 하던 30대 때는 제법 많은 돈을 벌었다. 여느 샐러리맨의 몇 배씩 벌기도 했다. 돈은 바닷물과 같아서 마실수록 갈증이 더 심해지는 법이다. 그래서 돈을 많이 벌면서도 돈 되는 일이라면 다 덤벼들었다. 주식과 부동산 투자는 물론이고, 고금리 금융피라미드 시장을 기웃거리며 어떻게 하면 이자의 이자를 크게 받을 수 있을까만 고민했다. 게다가 그즈음 큰딸이 선천성 질병으로 오랫동안 입원 중이었고, 다니던 직장을 떠나야 하는 상황에 놓여 더욱 절박해졌다. 재테크 관련 책을 모조리 찾아 읽고 관련 강의도 챙겨 들었다.

 딸의 치료비와 가족의 생활비를 마련해야 한다는 책임감과 두려움. 내가 아니면 누구도 해결할 수 없다는 외로움과 두려움. 그 두려움으로 내 영혼을 팽개치고 진짜 나로서 살기를 포기한 채 물신에 내 인생을 내주었다. 하지만 내가 했던 모든 투자는 실패했다. 당연한 결과였고 어쩌면 다행스러운 일이었다. 당시 내 상황은 물론 절박하고 어려웠지만, 그보다 내 탐욕이 더 절실했다.

 탐욕에 숨이 차, 든든한 가족이 곁에 있었는데도 공연히 외로웠고, 충분히 재취업할 수 있는 능력이 있었는데도 두려웠다. 탐욕이 만든 허상에 내 인생을 갖다 바쳤던 것이다. 만약 그때 내가 했던 투자 중 단 하나라도 성공했더라면 어떻게 됐을까. 흥청망청 유흥을 즐기며, 두려움에 쫓기면서도 무시해 버리고 탐욕이 내 비전인 줄 착각한 채로 평생을 살았을 것이다. 진짜 비전은 전혀 모르는 채로 살았을 것이다.

그래도 돈을 걱정한다면, 돈을 얼마나 벌 수 있을지 어떻게 쉽게 벌 수 있을지를 고민할 것이 아니라 돈을 어떻게 쓸지에 대해 궁리해야 할 것이다. 나의 비전을 위하여 내 돈을 떳떳하고 가치 있게 이용하고 있는지 자신을 돌이켜 보아야 할 것이다. 그래야 돈을 벌 방법이 보이고 더 즐겁게 돈을 벌 수 있다. 돈으로 비전을 사는 것이 아니라 비전으로 돈을 만들어야 한다.

두려움 대신 비전을 세우고, 비전을 위해 현실을 바꿔나가야 한다. 셀프 리더십의 핵심은 명확한 비전 설계다. 비전이 있어야 리더십의 방향이 뚜렷해지고 그 리더십이 흔들리거나 상처받지 않을 수 있다.

얼마 뒤, 서영은 강사 사무실로 승지를 불렀다.
"사람은 말이야, 상상력이 있어서 비겁해지는 거래."
"예?"
"〈올드보이〉라고, 네가 꼬맹이 일 때 개봉한 한국 영화가 있는데, 그 극 중 대사야."
"그게 왜요?"
"네 상상력을 더 재미있게 발휘해 봐. 어른들이 다 아는 것 같지만 사실 안 그래. 어른들도 자기가 보고 들은 것밖에 몰라. 그나마 안다는 것들도 편견과 아집에 눈이 멀어서 제대로 아는 것도 아니지. 아는 게 별로 없어서, 너희한테 가르쳐주는 게 이렇게 지루하고 짜증이 나고 싫은 것들 투성인 거야. 그러니까, 어른들이 말하는 대로 상상하고 짐작하지 마. 그런 일은 안 일어나니까 어른들처럼 겁먹고 비겁해지지 마. 너희가 하고 싶은 대로 하면 돼. 하다가 힘에 부치면 그때 어른들한테 도와달라고 하면 돼. 네가 네 힘으로 네가 원하는 대로 상상하는 만큼 세상은 더 재밌어질 거야."

"선생님, 무슨 말 하는지 모르겠어요."

"다음에 학원 밖에서 만나면 네 꿈이 뭔지 물어보겠다고. 넌 나랑 비슷해지지 마. 알겠지, 승지야."

"우리 마음속에는 두 마리의 늑대가 끊임없이 싸우고 있단다. 하나는 악한 늑대로 두려움과 분노, 시기심, 욕심, 교만 등을 상징하지. 다른 하나는 선한 늑대로 기쁨과 겸손, 자신감, 자애, 진실, 친절 등을 나타낸단다."

나이 든 인디언의 말에 그 손자가 물었다.

"그러면 어떤 늑대가 이겨요?"

나이 든 인디언이 대답했다.

"네가 먹이를 주어 키운 늑대가 이기지."

– 인디언 구전 동화

"비전!" 나를 믿고 나를 실천하는 힘

지민의 고백 그리고 긴 울림

"연봉이 그렇게 차이 나진 않아도 회사 규모 보고 옮긴 거지. 일 년 동안 계속 물밑작업 해서 나 모셔오게 했잖아. 전 회사에서 승진하는 것보다 여기서 같은 직급으로 일하는 게 훨씬 비전 있지. 아, 근데 서영 씨는 무슨 일 하세요?"

"아, 교육 업계에 있어요."

예비 남편 친구의 물음에 지민이 얼른 나서서 대답했다. 서영은 순간 얼굴이 확 달아올랐다.

그 전날 지민은 서영에게 결혼 전 마지막 자리를 만들었으니 꼭 참석해 달라고 연락을 해왔다. 사실 서영은 따로 계획이 있었다. 휴일을 맞아 심리상담 관련 자료 조사를 하며 자신에 대해 생각해 보려 했었다. 얼마 전 승지와의 대화 후 어떤 영감을 얻었던 것이다.

자신을 위해 제대로 된 선택을 하지 못하는 이유와 그 결과를 그 누구보다 잘 알고 있으니 승지 같은 아이들을 도와줄 수 있지 않을까 생각했다. 막연히 그런 일은 심리상담 분야와 관련이 있을 것 같아 조사해 볼 참이었다. 모처럼 자신에 대한 의욕이 생겼지만, 지민의 간청에 못 이겨 모임에 나갔다. 그런데 막상 나가보니 그 자리는 지민의 예비 남편 친구들이 모인 자리였고, 지민은 자연스러운 소개팅을 주선하겠다는 목적으로 서영을 불러낸 것이었다.

"아, 그래요? 제 친구 중에도 중학교 선생 하는 애 있는데, 요새 재건축 아파트에 꽂혀 있어요. 교사 월급 갖곤 딴 데 투자 안 하면 비전 없잖아요. 저는 요새 저평가된 중국 펀드 보고 있는데, 서영 씨는 어떤 거 해요?"

서영은 대충 얼버무려 대답하고는 레스토랑 밖으로 나갔다. 차가운 공기를 들이마시며 잔뜩 성이 난 마음을 진정시켰다. 교육 업계 종사자라면 당연히 학교 선생님인 줄 알고, 승진과 재테크를 위해 매진하는 저들 앞에서 해고 통보를 받은 학원 강사이면서 경력 관리는커녕 스스로 뭘 원하는지도 모르는 자신의 모습을 보이는 것이 부끄럽고 화가 났다.

누군가가 커다란 손으로 숨통을 조이고 있는 것 같았다. 문득 자리에 두고 온 가방이 생각났다. 가방 속에 상담심리 개론서를 넣어 왔는데 누군가가 가방을 열어 책을 발견하게 되는 건 아닌지 걱정이 됐다. 책을 보고는 서영이 '커리어 관리'도 제대로 못 하고 '재테크'도 못하는 사람이라는 것을 모두 알게 되는 것은 아닐까. 비웃고 조롱하지 않을까. 그러다 이내 웃음이 났다. 누가 보더라도 전혀 수

상할 것 없는 책인데. 서영은 스스로 제 목을 조르고 있었다.

"여기서 뭐해?"

어느새 서영을 따라 나온 지민이 옆으로 왔다.

"생각해 준 건 고마운데, 그냥 갈게. 가방 좀 살짝 갖다 주라."

"좀 거북하지? 미안. 저 정돈 줄은 몰랐어."

"뭐, 그냥 나랑은 좀 안 맞는 거 같아."

"너 기분 전환 시켜 주려고 불렀더니. 너 학원 그만둔다며?"

"네가 그걸 어떻게 알아?"

"네 팬이 가르쳐줬어, 승지라는 애. 네 SNS 타고 내 페이지까지 와서 메시지 보냈더라. 걱정이 태산이던데."

"뭐라고? 승지? 팬인지 안티인지 모르겠다."

"근데 왜 그만두는 거야? 임용고시 다시 시작하는 거야?"

"뭐, 그냥."

승지도, 처음 만난 그 남자도, 친구 지민도 요즘엔 정말이지 온 세상 사람들이 자신보다 다른 사람들이 더 서영의 거취를 궁금해 하고 걱정하는 것 같았다. 그냥 내버려 둘 순 없는 걸까. 그냥 내버려 두라고!

"그래, 잘 생각했어. 가르치는 일을 하려면 교사가 되는 게 아무래도 비전 있지. 결혼식 때 예쁘게 하고 와. 오늘 안 나온 사람 중에 더 괜찮은 사람 있어. 소개해 줄게."

서영은 순간 울컥하는 기분이 들었다.

"마음은 고마운데, 아니, 사실 고맙지도 않아. 난 비전 같은 거 없어. 아까 그 사람도 너도 자꾸 비전, 비전 하는데 그게 무슨 말인지도 모르겠고. 그러니까 네가 어떤 누구를 소개해 줘도 난 자격 미달이야. 학원도 내가 그만두는 거 아니고 잘렸어, 못 가르쳐서. 앞으로 뭘 할지 계획도 없어. 비전인지 뭔지는커녕 아무 생각도 없다고."

서영은 지민이 원망스러웠다. 서영이 자기 입으로 비참함을 까발리게 하여야 했는가. 이들은 서영의 계획과 생각을 정말로 궁금해하는 것도 아니었다. 그저 비교하고 평가하고 결국 자신이 믿는 바를 확인하고 싶어 하는 것뿐이었다. 이런 이들에게 계획을 말했다가 혹여 실패라도 하면, 이들의 뜯어먹기 좋은 먹잇감이 될 터였다.

"미안해, 서영아. 정말 몰랐어."

지민은 서영보다 더 어두워진 얼굴로 한참을 서 있었다.

"미안해. 이러려던 게 아닌데. 사실, 나도 저 사람들 숨 막혀서 너 불렀어. 너라도 있으면 숨통이 좀 트일까 싶어서."

지민의 가라앉은 목소리에 서영도 지민에게 미안한 마음이 들기 시작했다.

"사실 나 드라마 작가가 꿈이야. 어렸을 때부터 내 오랜 꿈이었어. 너 몰랐지? 아무한테도, 엄마 아빠한테도 말한 적 없으니까. 얼

마 전에 남자친구한테 말했는데, 막 반기면서 결혼하면 내가 하고 싶은 거 다 하라는 거야. 원하면 회사도 그만두래. 자기가 다 도와주겠다고. 그러곤 며칠 있다가 어머님 아버님 다 계신 자리에서 이러더라. 어머니랑 문화센터 같이 다니라고. 어머님이 백화점 VIP 문학클럽 다니시는데 나도 같이 거기나 '살~ 살~' 다니라고. '어머니 닮아서 얘도 취향이 고상해요, 하하하' 그때 정말 죽고 싶더라. 난생처음 꿈을 말했는데 그냥 사치스러운 취향, 유희 취급 받은 거야."

서영은 지민의 갑작스러운 고백에 당황했지만 지민이 안쓰러워지며 미안한 마음이 커졌다.

"처음엔 이런 인간이랑 결혼해도 되나, 별별 생각이 다 들었는데. 한참 생각해 보니까 오빠가 문제가 아닌 거지. 내가 잘못한 거야. 꿈을 위해서 노력한 적이 한 번도 없으니까. 드라마 작가가 꿈이라면서 공모전에 공모 한 번을 해 본 적이 없고, 학교 다닐 때 문학창작 수업도 피해 다니고. 습작하는 친구들 보면 속으로 비웃었어. 글은 아무나 쓰는 줄 아나, 그러면서. 사람들이 꿈을 물어보면 무슨 대단한 계획을 비밀리에 수행하고 있는 것처럼 함구하고. 공부 머리가 있고 시험운도 있어서 이런저런 자격시험이나 입사시험도 금방금방 다 되더라? 내가 갈 수 있는 길 중 가장 쉽고 빠르고 편한 길을 골라 다니면서, 성공하면 그게 내 계획이었던 것처럼 말했어. 이렇게 준비해왔어요, 저렇게 대비해왔어요, 그렇게 하는 게 당연하잖아요. 이 정도도 모르는 사람이 있나요, 그러면서.

　사람들한테 내가 실패하는 모습을 보여주고 싶지 않았어. 내 꿈이 너무 간절해서 실패할까 봐 두려웠던 거야. 그래서 사람들한테 보여주지도 않았고, 나 스스로도 모셔놓기만 했던 거지. 내가 정말 노력했다면 부모님도, 오빠도 다 알았을 거야. 내가 어떤 꿈을 꾸는지, 내가 얼마나 간절한지. 행동하지 않는 꿈이란 건, 이런 취급 받아도 할 말이 없더라.

　저 사람들 보면 나 보는 것 같아서 좀 답답해. 저울질하고 힘 겨루고 가르치려 들면서 그게 비전인 줄 알고 떠드는 거. 사실은 자기에게 제일 간절한 것이 실패할까 봐, 다른 사람들에게 인정받지 못할까 봐 벌벌 떠는 거야. 자기가 제일 잘 알고 자기에게 제일 쉬운 일만 하면서 떠들기나 하는 거지. 진짜 자기가 중요하게 생각하는 건 시도할 엄두도 못 내는 거야. 그게 무슨 비전이니. 계속 가르치는 일 공부하고 노력했던 네가 진짜 비전 있는 거지. 나는 그런 의미로 한 말이니까 너무 기분 나빠하지 않았으면 좋겠어."

　긴 고백을 마치고 밤하늘을 바라보는 지민의 모습이 너무나 쓸쓸해 보여서 서영은 아무 말도 할 수 없었다. 지민이 말하는 의미의 비전이라면, 나 역시 그런 건 없다고 말하고 싶었지만 그 말조차 끝내 할 수 없었다.

자신의 꿈을 명확히 상상하고 기록하는 것은 꿈을 이루기 위해 꼭 필요한 일이다. 많은 조사 결과 역시 긍정적인 생각을 하며 자신의 비전을 분명히 세우고 목표를 명확히 기록한 사람의 경우, 그렇지 않은 사람보다 목표한 바를 쉽게 성취하고, 더 행복한 삶을 살 수 있다는 것을 증명하고 있다.

하지만 상상만 해서 얻을 수 있다면, 기록만 해서 이룰 수 있다면, 시도도 겁날 만큼 간절했던 지민은 그 마음 하나만으로 꿈을 이룰 수 있지 않았을까? 긍정적인 상상과 바라는 마음은 중요하지만 그게 다는 아닌 것이다.

더 중요한 것은 자신에 대한 '믿음'과 '실행'이다.

드라마 작가를 꿈꾼다면 관련 강의를 듣고 습작과 합평을 하며, 적극적으로 공모전 준비를 하는 등의 '행동'이 필요하다. 두려워하지 말고 자신이 꿈꾸는 바를 드러낼 필요도 있다. 그러면 피드백과 자극을 받을 수도 있고 생각지 못한 도움과 기회를 얻을 수도 있기 때문이다. 꿈을 가진 자기 자신을, 그 꿈을 이루려 노력하는 자기 자신을 믿고 자랑스럽게 여겨야 한다. 그리고 실행해야 한다. 그래야 꿈이 현실이 된다.

비전을 세우고, 각 단계를 차근차근 거쳐 결국 완성하는 자신을 상상하며, 확신을 하고 그를 이루기 위해 노력하자. 실패하거나 남들에게 인정받지 못할까 봐 겁나고, 때로는 생각대로 되지 않아 좌절할 수도 있다. 그럴수록 더욱 자신을 믿어야 한다. 지금 자신이 힘든 것은, 자기 인생의 체질을 바꿔가는 중이기 때문이다. 쉽고 빠른 길을 택해 평안을 누릴 수도 있지만 그를 포기하고 자신의 비전에 헌신하여 다른 누구와도 같지 않고 자신조차도 다 알지 못하는 새로운 자신의 모습과 인생을 만드는 중이기 때문이다.

인생은 짧다. 예측 가능한 수학 공식이 아니다. 그러나 너무 급하게 생각할 필요는 없다. 성급하게 성패를 판단할 필요도 없다. 뒤처지는 것 같아 두려워하지도, 나만 동떨어진 것 같아 외로워하지도 말자. 실패는 자신이 포기할 때 결정된다. 자신만의 비전을 세우라. 우직하고 확고하게 믿어라. 그리고 꾸준히 움직여라. 뜻하는 대로, 움직이는 대로 될 것이다.

100여 개 국가에 3만 개 이상 가맹점을 가지고 있는 세계적 패스트푸드 업체 켄터키 프라이드 치킨(KFC)을 모르는 이는 없을 것이다. KFC의 창시자 커넬 샌더스(Colonel Sanders)가 1호점을 오픈한 것은 그의 나이 예순일곱 살 때였다. 그는 예순다섯 살에 처음 자신의 조리법을 가지고 사업 제안을 하러 여러 회사를 찾아다녔다. 그러는 동안 1008번이나 거절을 당했고, 2년 만에 자기 가게를 열 수 있었다.

한국인이 가장 많이 먹는 식품으로 인스턴트 라면이 있다. 이 인스턴트 라면의 개발자는 일본인 안도 모모후쿠(Ando Momofuku)이다. 그가 이

사장을 맡고 있던 신용조합이 파산해 빈털터리가 되고 나서, 자기 집 지하실에 세 평 남짓한 실험실을 만들고 인스턴트 라면 개발에 들어갔을 때는 그의 나이 마흔일곱 살이었다. 그리고 1년 반 만에 인스턴트 라면 개발에 성공했다.

이 두 사람의 성공 비결은 확실한 비전과 믿음, 불굴의 의지였다. 누가 1000번 이상의 거절을 감당할 수 있을까? 누가 지하 어두운 곳에서 하루가 멀다고 겪는 실패를 감내할 수 있을까? 하지만 이들은 자신의 성공을 믿었고, 그것을 이루기 위해 멈추지 않고 노력했다.

자신의 비전을 믿고 행하라. 그러면 당당하고 자신감 있는 태도로 자기 삶의 진짜 주인이 될 수 있다. 그리고 진짜 자기 인생을 리드하는 셀프 리더십을 발휘할 수 있고, 자신의 진짜 능력을 발휘할 수 있다. 자기 삶의 리더로서 당신은 반드시 빛을 발할 것이다.

서영은 지민의 결혼식에 즐겁게 다녀왔다. 다이어트는 끝내 성공하지 못해 몸에 맞는 원피스를 새로 사야 했지만 한 사람에게서 예쁘다는 칭찬도 들었다. 지민의 결혼식이 궁금해 동행한 승지였다.

친구들은 여전했다. 모처럼 만나 탐색전을 벌이며 서로를 과하게 칭찬하거나 살가운 동정을 하는 방법으로 상대를 제압하고 자신을 과시했다. 서로를 은밀히 탐색하고 은근히 깔보던 친구들은 당돌한 승지가 대놓고 따지고 노골적으로 등급을 매기자 당황했다. 지민이 소개해 준 그 '비전남'이 나타났을 때도 승지는 맹활약을 보여줬다.

"제 꿈이 뭐냐고요? 뭐, 대학은 의대 아니면 유학 가려고요. 지금은 특목고 논술학원 다니는데요. 서영 선생님이 이제 학원 관둬서 저도 학원 옮기려고요. 근데, 선생님 친구의 친구면 아저씨도 공부 좀 하셨겠네요? 대학 어디 나오셨어요? 명함 있어요? 아아, 여기 다니시는구나. 생명공학 쪽은 유학 가야 비전 있는 거 아닌가. 어쨌든, 그래서 아저씨는 꿈을 이룬 거예요?"

비전남은 아무 말도 하지 못했다.

서영 역시 꿈을 이루기는커녕 자신의 꿈이 뭔지도 몰라 승지의 말에 답해 줄 수 있는 어른이 아니었다. 승지에게 꿈을 그런 식으로 생각하지 말라고 자신 있게 말하지도 못했다. 인생에서 꿈이란 것이 무엇인지, 꿈을 어떻게 좇아야 하는지 승지에게 바람직한 모습을 직접 행동으로 보여줄 수 있는 어른이 못 되니까.

하지만 용기는 생겼다. 조급해할 필요도 두려워할 필요도 없었다. 내 인생의 기준은 나뿐이고 내 삶은 내가 이끌어 나만이 누리는 것이니까.

자, 이제 답할 차례다.

지금 이 순간, 그리고 앞으로 서영의 삶을 이끄는 이, 서영이 따를 이

는 누구인가?

답했는가?

그렇다면, 지금 당신의 삶을 이끄는 이는 누구인가?

"거기 당신, 바로 당신 자신을 따르라!"

---

1. 월급이 적은 쪽을 택하라.

2. 내가 원하는 곳이 아니라, 나를 필요로 하는 곳을 택하라.

3. 승진의 기회가 거의 없는 쪽을 택하라.

4. 모든 조건이 갖춰진 곳을 피하고, 처음부터 시작해야 하는 황무지를 택하라.

5. 앞 다투어 모여드는 곳은 절대 가지 마라. 아무도 가지 않는 곳으로 가라.

6. 장래성이 전혀 없다고 생각되는 곳으로 가라.

7. 사회적 존경을 바랄 수 없는 곳으로 가라.

8. 한가운데가 아니라 가장자리로 가라.

9. 부모나 아내나 약혼자가 결사반대하는 곳이면 틀림없다. 의심치 말고 가라.

10. 왕관이 아니라 단두대가 기다리고 있는 곳으로 가라.

– 경남 거창고등학교 본관에 걸려 있는 현판의 '직업 선택의 10계명'

우리는 자신을 이김으로써 스스로를 향상시킨다.
(자신과의) 싸움은 반드시 존재하고,
거기에서 이겨야 한다.

– 에드워드 기번, 영국의 철학적인 역사가

혼 자 강 해 지 는 힘
SELF
LEADERSHIP

제2부

이제 실전이다.
혼자 강해지는 힘을 길러라!

셀프 리더십, 자신을 스스로 깨부수는 수행
서영 드디어 갱생 프로젝트 시작하다

하늘의 제왕 솔개는 최대 칠십 년까지 산다고 한다. 새의 나이가 일흔 살이라니 정말 놀랍다. 그런데 이렇게 장수하려면 반드시 매우 고통스러운 갱생의 과정을 거쳐야만 한다.

마흔 살이 넘으면 발톱은 노화되어 사냥감을 효과적으로 잡아챌 수 없다. 부리도 아주 길게 자라고 구부러져서 가슴에 닿을 정도의 길이가 되고, 깃털 또한 짙어지며 두껍게 자라나 날개가 무거워져서 하늘로 날아오르기가 대단히 힘들어진다.

이 무렵 솔개는 두 갈래 선택의 길에 선다. 한 길은 죽을 날만 기다리는 것이고, 다른 길은 반년 동안 매우 고통스러운 부활의 시간을 거치는 것이다. 일부의 솔개는 전자를 택하고 죽으며, 대다수 장수하는 솔개는 후자를 택한다.

때가 되면 솔개는 산 정상 부근까지 높이 날아올라 둥지를 틀고 머물면서 고통스러운 수행을 시작한다. 먼저 부리로 바위를 쪼아 부리가 깨지고 빠지도록 만든 뒤 부리가 새로 돋기까지 기다린다. 이후 새로 돋은 부리로 발톱을 뽑는다. 발톱이 새로 나면, 이번에는 깃털을 뽑는다.

새로운 자신으로 태어나고자 자신을 죽이는 과정을 거치는 것이다. 솔개는 반년의 갱생기를 지나 완전히 새로운 모습으로 변신하고, 다시 힘차게 하늘로 날아올라 30년이 넘는 수명을 더 누릴 수 있다.

삶의 주도권을 자신이 갖지 못할 때 하늘의 제왕은 죽고, 땅에서 가장 번성한 동물인 쥐는 스트레스 때문에 뇌가 변한다.

프랑스의 낭시 의과대학에서 쥐를 대상으로 한 실험이 있었다. 쥐 여섯 마리를 한 우리에 넣은 후 우리의 출입구 바로 앞에 있는 수영장을 건너야 사료통의 먹이를 구할 수 있도록 배치하고 쥐들이 어떠한 행동을 보이는지 관찰했다. 관찰 결과 쥐들은 먹이를 구하는 과정에서 서로 다른 네 가지 행동을 보였다.

① **그룹**: 수영장을 건너가서 먹이를 가지고 왔지만 다른 쥐에게 먹이를 빼앗기는 쥐 두 마리
② **그룹**: 아무것도 안 하다가 다른 쥐가 가져오는 먹이를 빼앗아 먹는 쥐 두 마리
③ **그룹**: 직접 먹이를 가져와서 자기가 직접 먹는 쥐 한 마리
④ **그룹**: 먹이를 구해오지도 않고 남이 가져온 것을 빼앗아 먹지도 않는 쥐 한 마리

연구진은 실험 직후 이 쥐들의 뇌를 해부하여 어떤 유형의 쥐가 스트레스를 많이 받고 적게 받았는지를 측정했다. 가장 스트레스를 많이 받은 그룹은 몇 번이었을까? 반대로 스트레스를 가장 적게 받은 그룹은 몇 번이었을까?

스트레스가 가장 많은 쥐는 자신의 힘으로 아무것도 하지 않은 ② **그룹**의 쥐들이었다. 스트레스가 가장 적었던 쥐는 ② **그룹**과 정확히 반대로 남에게 영향받지 않고 자신의 힘으로 문제를 해결한 ③ **그룹**의 쥐들이었다.

익숙한 모든 것을 버리고 고통스러운 길에 스스로 올라, 운명을 자신의 힘으로 결정하는 솔개. 스스로 노력해서 결과를 도출하고 그에 상응한 보상을 누린다고 생각할 때 존엄을 온전히 지킬 수 있다는 쥐의 실험 결과. 이들은 셀프 리더십의 개념을 명확히 보여준다.

셀프 리더십은 낯선 개념이 아니다. 솔개와 쥐의 경우에서 보듯 이미 대자연의 본능이고, 우리에게는 조상대부터 '수행'이라는 이름으로 행해져 온 전통이기도 하다. 옛 선비들은 비난을 모면하고 칭송받기 위해서가 아니라 스스로 소인배와 같은 마음을 경계하고 군자와 같은 정신세계를 이루기 위해 스스로를 단속하고 조심했다. 셀프 리더십은 우리의 본능이자 이미 우리 안에 새겨진 잠재력인 것이다.

셀프 리더십은 스스로 더 나은 모습으로 변화하고 싶다는 의지를 갖고 세상의 기술과 지혜의 도움을 받아 평생 키워나가야 하는 삶의 과업이다. 누구에게나 잠재된 힘이지만 스스로 갈고 닦아야 비로소 제대로 발휘하여 자신의 삶을 변화시키는 데 이용할 수 있다. 처음부터 잘하는 사람도 없고 노력 없이 완성할 수 있는 것도 아니다. 어떻게 살아가야 할 것인지 어떻게 성공적인 삶을 살 수 있을지에 대한 명확한 해답에 이르는 길이 쉬울 리 없다.

자의식을 가진 존재는 내면에 자신을 믿는 긍정적 자아와 자신을 의심하는 부정적 자아가 상존한다. 그리고 그 상충하는 두 자아는 항상 서로 싸운다. 자신의 삶에 제대로 된 리더십을 발휘하기 위해서는 긍정적 자아가 이겨야 한다. 자신이 스스로 삶을 바꾸고 목표를 이룰 수 있을 것이라고 믿어야 한다.

주의해야 할 점은 자신을 믿는 것은 교만과는 전혀 다르다는 것이다. 우리의 옛 선비들이 그랬듯 세상의 달콤한 말에 현혹되어 자신을 잃지 말고, 솔개가 하듯이 익숙하고 편안할 때 자신을 부수고 쪼아야 한다. 자신의 가능성을 믿되 도취하여서는 안 된다. 자신만의 원칙과 확고한 낙관주의 사이에서 균형을 이룰 줄 알아야 한다. 자신을 위해 옳은 방향으로 나아가고 있는지 끊임없이 경계하고 점검해야 한다.

서영은 학원을 그만두고 백수가 된 후 맘껏 놀고 있다. 매일 동네 산책로를 조깅하고 일주일에 3일씩 근처 장애인 복지기관에서 봉사활동을 한다. 가끔 동네 아이들의 논술 지도도 한다. 시간을 자신의 의지대로 운용하면서, 놀지만 쉬지 않으며 자신의 리듬과 여유를 되찾아가는 중이다. 이 시간을 통해 무엇에도 흔들리지 않는 자신의 깊은 힘을 깨우기 위해 노력하고 있다. 그 과정을 매일 일지로 기록해 두고 있는데 승지가 몰래 그 일지를 빼냈다. 서영의 팬인지 안티인지 헷갈리는 승지가 서영의 일지 내용 일부를 공개했다.

〈서영 갱생 프로젝트〉

솔개처럼 나도 내 수명을 늘리기로 했다. 고통을 감수하고 내 부리를 부수고 털을 뽑을 것이다. 지금처럼 살아서는 죽은 것이나 다름없다. 완전히 새로운 모습으로 제대로 살고 싶다. 아직 목표도 없고 자신감도 없다. 그걸 찾기 위해 매일의 나를 기록해 둔다. 성패는 중요하지 않다. 매일 나를 위해 산다면 됐다.

○월 ○일 ○요일/맑은 하늘

첫째, 오늘의 자신감

나는 지구력이 좋다. 조깅이 거듭될수록 느낀다. 속도는 느리지만 앞서 뛰던 사람들을 결국엔 따라잡는다. 한 달 넘게 평일 매일 7 km 코스를 중도 포기 없이 완주했으며, 속도가 완만하게 올라 일정 수준 유지 중이다.

처음에는 앞서 뛰는 사람들을 따라잡으려 무리를 하기도 했고 같이 시작한 사람들과 나 혼자 경쟁하는 재미로 뛰기도 했다. 그 사람들이 도움이 되기도 했다. 하지만 어느 순간, 팽팽했던 내 마음이 탁 풀어버렸다. 어차피 내 조깅은 내가 정한 목표 코스를 완주해야 끝이 난다. 누군가를 이겨야 끝이 나는 것이 아니다. 내가 포기하느냐 하지 않느냐가 성패의 유일한 요소다. 그런데 나는 포기한 적이 한 번도 없다. 나는 매일 성공하고 있다.

눈 돌리지 않고 임용고시만 고집했던 지난날을 돌이켜 보아도 나의 지구력은 특별한 것 같다. 잘만 쓰면 좋을 것 같다.

둘째, 오늘의 발견

결혼 후 지민이를 처음 만났다. 예전에 보았던 쓸쓸한 기색은 느껴지지 않아 다행스러웠다. 직장은 정말 그만둘 것인지, 드라마 작가의 꿈은 어떻게 진행할 것인지 궁금한 것이 많지만, 지민이가 먼저 말하지 않기에 잠자코 있었다.

그런데 지민이가 놀라운 말을 했다. 나는 내가 듣는 것보다 말하는 것을 더 좋아하고 잘하는 사람이라고 생각했는데 그게 아니라는 것이다. 내가 사람들 말을 잘 들어주고 응석도 잘 받아주는 사람이란다. '비전남'이 그 날 그렇게 시끄러웠던 것은 내가 말을 잘 들어주고 호응이 좋아서 더 신이 났었기 때문이라며 지민이가 들떠하며 말했다. 그 말을 듣고 보니, 오늘 만난 자리에서도 지민이가 말하고 나는 듣고 있는 시간이 더 많았다. 승지도 툭하면 나를 찾아와 미주알고주알 이야기를 늘어놓고, 논술을 봐주는 동네 아이들과 그 엄마들도 나를 자주 찾는다. 어렸을 때도 그랬다. 나는 관계에서 대개 상담역이었다.

찬찬히 생각해 보니, 나는 그런 내가 싫었던 것 같다. 다른 사람들의 이야기를 가만히 듣고 있는 것은 왠지 지는 느낌이다. 다른 사람들의 뒤치다꺼리나 하는 사람이 된 것만 같았다. 내가 무슨 생각을 하는지 아무도 알지 못하고 관심도 없고, 내가 무슨 말을 했는지 아무도 기억하지 못하는 것이 싫었다. 확실하게 나를 표현하고 주장하고 싶었다. 가만히 있어도 화려하게 존재감을 발산하는 사람이 되고 싶었다. 그래서 내가 되고 싶은 모습으로 나를 잘못 인식하고 있었는지도 모르겠다. 이젠 컸으니, 인정하기 싫은 나의 모습을 받아들이고 나를 내 힘으로 표현하면서 살아야겠다. 바라는 내 모습과 인정하기 싫은 내 모습 사이에서 균형을 잘 잡아 다른 사람과 나에게 모두 이로운 사람이 되고 싶다.

셋째, 오늘의 목표

사회복지관 상담 워크숍 수강 신청 완료.

인기 많은 강좌라 신청하기 위해 공을 꽤 들였다. 앞으로 3개월 동안 일주일에 두 번 세 시간씩, 총 네 명의 사람들이 상담의 기초를 익히고 서로를 상담하는 시간을 갖는다. 직업 분야로써 상담에 관심이 생기기도 했지만, 나를 더 잘 이해하고 싶은 마음도 크다.

미리 알려준 추천도서 열 권 중 두 권을 다음 주 수업 전까지 읽을 생각이다. 나머지 여덟 권은 수업이 진행되는 동안 한 주에 한 권씩 읽을 계획이다. 관련 자료도 프린트해서 읽고 있다. 강의 시간 외에 따로 스터디를 하기도 한다는데 기대된다.

3개월 후 상담 분야 직업과 나 자신에 대해 어떤 생각을 하게 될지 궁금하다.

넷째, 오늘의 대화

"서영아!"

쑥스럽지만 오늘도 불러본다.

"서영아, 여유가 많아진 것에 대해 매일 만족해하고 있지만 사실은 그 여유 시간을 채워야 한다는 생각으로 초조해하는 건 아니니? 가끔 친구를 만나거나 승지가 찾아오면 '여유가 많아져서 좋아'라고 매번 말하는 네 모습이 어쩐지 걱정스러워졌어. 네 모습을 자꾸 긍정적인 문장으로 강조하는 게 말이야. 매 순간 건강하고 긍정적인 삶을 살아야 한다고 스스로 옥죄고 있는 건 아니니?"

"승지 말대로 내가 생각이 너무 많은 건지도 몰라. 웃을수록 행복해진다고도 하잖아? 좋은 말을 많이 하는 게 나쁠 게 있겠어? 지금 내 모습과 내 생활이 만족스럽다고 자꾸 말하다 보면, 혹시나 마음 깊은 곳은 그렇지 않을지라도 주문처럼 정말 그렇게 될지도 모르고. 다만 이것만 기억해 두면 될 거야. 어떤 무엇에도 쫓길 필요가 없다는 것, 나조차 나를 몰아세울 수 없다는 것. 그러니까 매일 내 리듬과 속도에 맞게 가면 되는 거야. '오늘도 내 마음껏 쓸 수 있는 하루가, 여유가 시작됐다!'라고 기뻐하면서."

"하지만 서영아, 나중에 직장에 들어가서 이런 여유를 빼앗기면 어떻게 될까? 일을 하게 되면 지금보다는 확실히 내가 쓸 수 있는 시간이 줄어들겠지. 하지만 그땐 그때대로 내 여유를 찾을 수 있을 거야. 지금 이렇게 가득 충전해 두면!"

다섯째, 오늘의 보상

오늘 일곱 번째 사진 현상을 했다.

매일 '오늘의 공부'와 '오늘의 칭찬'을 3일 연속 잘해내면 내게 주는 보상이다. 목표를 이룬 그 순간, 가장 행복해하는 내 모습을 찍어 그날그날 집 근처 디지털 현상소에 간다. 길 가던 사람에게 사진을 찍어달라고 부탁한 적도 있고, 지나가는 사람과 함께 사진을 찍기도 했다.

오늘은 지민이에게 부탁해 길고양이와 함께 사진을 찍었다. 벽에 붙여놓은 사진들을 보니 갈수록 표정이 풍성해지고 포즈에 점점 더 생기가 느껴진다. 잘살고 있구나, 대견하고 다행스럽다. 다른 사람이 보는 나를 보는 즐거움이 있고, 내 행복을 내 눈으로 확인하는 기쁨이 있다.

그날그날의 감정과 기쁨들이 떠오르면서 나 자신이 애틋해진다. 계획을 지키지 못했거나 힘든 날에 그 사진들을 보면 좌절과 자기 연민에 빠지지 않을 수 있다. '내가 이런 사람이라는 것을 기억해.' 좌절하는 것은 매우 손쉽고 편안하다. 그냥 처음부터 나는 가망이 없었고 끝내 그럴 것으로 생각해 버리면 욕심도 나지 않고 바라는 것도 없어진다. 노력하는 사람들을 비웃고 스스로를 동정하며 안위를 보전할 수 있다. 하지만 벽에 붙어 나란히 웃고 있는 나는 그런 편안한 길로 나를 들이지 않는다. 그렇게 경계가 철저해서 사실 힘들 때도 있다.

현상소 아저씨는 벽을 꽉 채우면 전시회를 열라고 한다. 솔깃

하다. 연예인들이 이런 기분일까?

여섯째, 오늘의 공부

수능 언어영역 모의고사 1회분을 매일 풀고 있다. 다시 국어를 가르치게 될지는 모르겠지만 여태껏 공부해온 것을 썩히지는 말아야겠다고 생각한다. 두뇌를 자극하려고 일부러 수학 정석을 풀고 스도쿠를 풀기도 한다는데, 나이 들수록 굳어지는 내 머리를 자극하기에도 좋을 것 같다.

오늘도 시간 내에 무난히 문제를 풀었다. 학생 때는 현대문학 지문을 더 좋아했는데 요즘엔 고전문학 지문을 볼 때 더 즐겁다. 좋은 지문은 필사해서 보관한다. 필사하면서 느낀 것은 인간은 그 먼 옛날에도 자신을 행복하게 하기 위해 읽고 쓰고 뛰고 구르며 최선을 다했다는 것이다.

"Seoyoung-nius, 서영"
다른 사람과 내 행복에 귀 기울이는 데에 천부적인 사람.

서영의 일지가 하나둘 꿰어지면 빛나는 셀프 리더십이 완성될 것이다. 서영이 주목한 셀프 리더십의 선결 조건을 기억해 두고 당신만의 일지를 만들자.

첫째, 자신감 갖기!

자기 스스로를 격려하는 마음을 갖는다. 정기적으로 가능한 한 자주 스스로를 대견해 하며 격려해 줄 것! 남과 비교하거나 남의 말에 휘둘리지 말고, 온전히 내가 가진 힘을 찾아내 나를 칭찬할 것!

자신감이 충만해지면, 위기보다 기회를 더 많이 상상하고 발견하게 된다. 자신의 결점을 인정하지만 그보다 자신의 장점의 힘이 더 크다고 생각하면 매 순간 새로운 가능성과 돌파구가 열리는 것이다.

둘째, 자기관찰 하기!

자신을 정확히 알기 위해서는 자신을 관찰해야 한다. 무엇을 잘하는지, 무엇을 좋아하는지, 때로는 왜 신념을 잃고 흔들리는지, 어떻게 하면 그런 일을 예방할 수 있는지 등을 알기 위해 끊임없이 스스로를 관찰하자.

셋째, 구체적인 목표 설정하기!

자기를 치열하게 관찰하면 자신이 원하는 것이 무엇인지 알 수 있고, 목표가 생긴다.

목표는 구체적이고 도전적이어야 한다. "10년 후 목표 → 5년 후 →

1년 후 → 한 달 단위 → 주 단위 → 하루 단위"로 장기 과제와 단기 목표를 잡는다. 단, 스스로를 너무 몰아붙이지 말고 사려 깊게 목표를 배치한다. 새 길을 찾기 위한 좋은 지도를 얻을 것이다.

넷째, 긍정적 자기대화를 통해 적극적으로 실행하기!

자기대화는 자기충만적 예언의 일종이다. 매일 자신에게 말하는 것이 현실로 나타나기 마련이다. 긍정적인 자기 대화는 자신감을 불어넣고 삶에 대해 더욱 호의적이고 유연한 태도를 갖게 한다. 결국, 자신의 삶을 좋은 방향으로 개선할 수 있게 된다.

다섯째, 적절한 자기보상 시스템 가동!

잘한 건 칭찬해야 더 잘하고 싶어지는 법이다. 바람직한 행동에 대해 스스로 물질적·정신적 보상이 반드시 필요하다. 보상을 주면 원칙과 신념은 더욱 공고해지고 지속적으로 자신을 낙관하게 된다. 좋은 행동은 계속 더 잘하게, 힘든 일은 더 잘 견디게 해 주는 것이 보상이다.

여섯째, 객관적 전문성 갖기!

전문성을 갖춰야 성취를 할 수 있다. 자신의 목표와 관련된 분야를 공부하고, 다른 사람들에게 도움이 될 수 있을 만큼의 실력을 쌓자. 학력은 중요하지 않다. 자신을 갈고닦아 스스로 인정할 수 있는 실력을 갖추자.

일곱째, 셀프 브랜드 만들기!

자신이 바라는 나와 남이 보는 나의 모습을 일치시켜 자신을 강렬하고 확실하게 어필하는 것이 바로 셀프 브랜딩이다. '소녀시대'는 완벽한 여성미, '빅뱅'은 자유로운 아티스트, '원더걸스'는 친근한 복고풍이 단박에 떠오르듯 '나'하면 남도 자신도 한 번에 떠올리는 브랜드를 만들자!

상담 분야에 꿈이 있다면, 다른 사람들과 자신의 내면에 사려 깊게 귀 기울일 줄 아는 자세가 필요하다. 그런 태도를 갖도록 노력하고, 그 모습이 다른 사람에게 신뢰를 줄 수 있게 되면 '굿 리스너'라는 자신만의 브랜드를 갖게 된다. 그 브랜드는 그 사람이 좋은 상담가가 될 수 있도록 그 사람의 내면과 외면을 이끌 것이다.

셀프 브랜딩은 자신의 장점은 더 살리고, 약점은 개선하며, 자신을 긍정적으로 자극하고, 조직과 사회 속에서 확고한 위치를 가지도록 하는 혁신 전략이다. 매력적인 셀프 브랜드를 구축하면 목표 달성에 가까워지는 건 당연하다.

나는 젊었을 때
정말 열심히 일했습니다.

그 결과 나는 실력을 인정받았고

제2부 이제 실전이다. 혼자 강해지는 힘을 길러라!

존경을 받았습니다.
그 덕에 65세 때 당당한 은퇴를 할 수 있었죠.
그런 내가 30년 후인 95세 생일 때
얼마나 후회의 눈물을 흘렸는지 모릅니다.

내 65년의 생애는 자랑스럽고 떳떳했지만,
이후 30년의 삶은 부끄럽고 후회되고
비통한 삶이었습니다.

나는 퇴직 후
'이제 다 살았다. 남은 인생은 그냥 덤이다.'
라는 생각으로 그저 고통 없이 죽기만을 기다렸습니다.

덧없고 희망이 없는 삶…….
그런 삶을 무려 30년이나 살았습니다.

30년의 시간은
지금 내 나이 95세로 보면
3분의 1에 해당하는 기나긴 시간입니다.
만일 내가 퇴직할 때

앞으로 30년을 더 살수 있다고 생각했다면
난 정말 그렇게 살지는 않았을 것입니다.

그때 나 스스로가
늙었다고, 뭔가를 시작하기엔 늦었다고
생각했던 것이 큰 잘못이었습니다.
나는 지금 95세이지만 정신이 또렷합니다.
앞으로 10년, 20년을 더 살지 모릅니다.

이제 나는 하고 싶었던 어학공부를
시작하려 합니다.

그 이유는 단 한 가지…….

10년 후 맞이하게 될 105번째 생일 날,
95세 때 왜 아무것도 시작하지 않았는지
후회하지 않기 위해서입니다.

– 〈어느 95세 노인의 일기〉

제2부 이제 실전이다. 혼자 강해지는 힘을 길러라!

비전이 나를 경영한다!
서영의 혼자 서기 비전 프로젝트의 서막을 알리다

셀프 리더십의 등대, 비전

한 젊은이가 길을 가던 중, 망치와 정을 들고서 돌을 두드리고 있는 석공을 만났다. 젊은이는 무척 화가 난 듯 보이는 그 석공에게 말했다.

"당신은 지금 무엇을 하고 있습니까?"

그 석공은 고통스러운 목소리로 대답했다.

"이 돌의 형태를 다듬고 있는 중인데, 정말 힘든 작업이오."

젊은이는 여행을 계속하다가 비슷한 돌을 다듬고 있는 또 한 사람을 만났는데, 그는 특별히 화가 나 보이지도, 행복해 보이지도 않았다.

"당신은 지금 무엇을 하고 있습니까?"

젊은이가 묻자 석공은 대답했다.

"난 집을 짓기 위해 돌을 다듬고 있는 중이오."

젊은이는 계속 길을 가다가 돌을 다듬고 있는 세 번째의 석공을 만났는데, 그는 일을 하면서 행복한 듯 노래를 부르고 있었다.

"당신은 지금 무엇을 하고 있습니까?"
그 석공은 미소를 지으면서 대답했다.
"나는 아름다운 성전을 짓고 있다오."

가장 즐겁게 작업한 석공은 누구인가? 가장 큰 성취감을 느낀 석공은 누구인가? 함께 일을 하거나, 내 집을 맡기고 싶은 석공은 누구인가?

대부분 세 번째 석공이라고 말할 것이다.

돌을 다듬는 일은 매우 어렵고 고되다. 첫 번째 석공은 등골이 휘어질 지경이라고 화를 내며 일을 했고, 두 번째 석공은 해야만 하는 일이라 여기며 감정을 죽인 채 일을 했다. 하지만 세 번째 석공은 자신이 중요한 가치에 헌신하고 있다고 확고하게 믿으며 일을 했다. 그는 일을 즐겁게 할 뿐만 아니라 매 순간 목표에 다가가며 성취를 해냈다. 자신이 헌신할 수 있는 중요하고 이상적인 가치, 비전이 있었던 것이다.

사전적 의미의 비전이란 미래에 대한 구상 혹은 전망 등을 뜻한다. 꿈과 그것을 이루기 위한 모든 계획까지도 포함한다.

하지만 가장 본질적인 뜻은 따로 있다. 개인이 미래에 달성하고자 하는 자아상이자 이상향과 꿈. 평생에 걸쳐 헌신할 목표와 그를 달성할 수 있다는 강한 믿음이 바로 그것이다.

진정한 의미의 비전은, 무엇을 하면서 살아갈 것인가 이전에 무엇을 위해 살아갈 것인가에 대한 성찰을 담고 있는 것이다.

Boys be ambitious!를 천명한 윌리엄 스미스 클라크(William Smith Clark) 교수는 다음과 같이 말했다.

"비전은 곧 믿음이다. 믿고자 하는 미래의 실상이어야 한다. 긍정적인 삶은 미래가 있지만 부정적인 삶은 미래가 없다. 될 수 있다고 하는 생각은 되지만 안 된다는 생각은 결코 성공할 수 없다."

비전은 인생의 성찰과 믿음을 담은 삶의 핵심이다.
그래서 비전은 인생의 나침반이며 등대다. 인생의 방향을 제시하고, 인생의 긴 여정을 이끄는 궁극적 힘이다. 셀프 리더십은 비전을 향해 나아가고 발휘된다.

비전은 개인의 이상향과 꿈을 나타내지만 추상적이고 환상적인 것이 아니다. 현재보다 더욱 발전적이고 성공적이며 바람직한 미래상을 구체적으로 담고 있다. 비전이 그리는 미래는 현재 존재하지 않고 불확실하지만 믿음을 가지고 추구하면 언젠가는 도달할 수 있는 가능성을 지니는 것이다. 코앞의 성패에 급급한 부분보다는 전체를, 당장 눈에 보이는 것보다는 보이지 않는 근본적인 원리를 그 전제로 한다.
그에 더해, 비전은 꿈에 이르는 구체적이고 체계적인 과정도 포함한다. 기업가 그레그 S. 레이드(Greg S. Reid; 〈10년 후(The Millionaire Mentor)〉의 저자)는 '꿈을 날짜와 함께 적어 놓으면 그것이 목표가 되고, 목표를 잘

게 나누면 그것은 계획이 되며, 그 계획을 실행에 옮기면 꿈은 실현된다.'고 하고 그 과정을 제시했다. 꿈을 현실적인 언어로 표현하고 장/단기 목표를 설정해 실행하는 체계가 필요한 것이다. 이 과정에서 목표와 계획은 꿈을 실현하기 위한 개인의 역할과 자기발전의 기본방향을 담고 있어야 한다.

결국, 각자의 삶을 위해 수립해야 할 비전은 '마땅히 있어야 할 모습과 거기에 도달하는 시나리오'를 의미한다.

명확하고 구체적이며 개인의 확고한 믿음이 담긴 비전은 한 사람의 현재와 미래를 연결함으로써 삶의 매 순간에 활기를 불어넣고 특별한 가치를 부여한다.

비전은 물처럼 흐르는 속성이 있다. 개인 차원에서 그치지 않고 한 사람에게서 다른 사람에게로 흘러가며 사람 간에 건강한 네트워크를 조직할 수 있다. 누군가 비전을 밝히면, 그 비전에 공감하거나 그에 영향 받길 원하는 사람들이 모인다. 그들은 공개된 비전을 공유하고 서로 기운을 주고받으며 건강한 부담감과 책임감을 갖게 되고, 함께 성장한다.

건강한 비전은 여러 단위를 넘나들며 개인과 조직, 사회를 혁신하는 힘이 된다. 급변하는 현대 사회에서 개인과 조직이 혼란에 빠지지 않고 더불어 성장할 수 있도록 구심점 역할을 한다.

서영은 노트를 '탁!' 소리가 나도록 덮었다.

시작 석 달 만에 갱생 프로젝트 일지 한 권을 꼬박 채웠다. 그 동안 자신을 관찰하고, 그를 세상과 맞춰보며 자신의 가능성에 대한 믿음을 키워왔다. 이제 서영은 발굴한 자신의 가능성을 동력으로 헌신할 가치를 찾고 싶었다. 자신의 삶이 세상에 이바지하고 있다는 것을 확인하고 싶었다. 매 순간 자신의 행복을 위해 살고 있다는 것을 확인하고 싶었다. 서영만의 비전을 만들 차례였다.

서영은 프린트한 문구를 글자만 오려 새로운 노트 표지에 조심스레 붙였다.

〈서영 비전 프로젝트 - 무엇을 위해 살며, 어디로 어떻게 나아갈 것인가 ①〉

○월 ○일 ○요일

소크라테스가 그랬던가? "너 자신을 알라!"라고. 나는 아직 나를 다 알지 못한다. 나를 전적으로 믿지는 못한다. 하지만 모르고 믿지 못하는 만큼 앞으로 달라지고 발전할 수 있다고 생각한다. 지금의 내 모습대로 나를 받아들였다. 내가 아직 모르는 나의 가능성까지도.

그래서 이제 내가 나아갈 비전을 찾고 싶다.

비전을 만들려면 무엇이 필요할까?

미래의 흐름을 살피자

조나 페레티(Jonah Peretti)는 2000년대 중반 이후 세계 온라인 저널리즘을 말할 때 항상 가장 먼저, 많이 거론되는 인물이다. 이 사람은 내게 통찰과 비전에 대한 깨달음을 주었다.

페레티는 블로그와 SNS를 기반으로 한 온라인 뉴스 기업 〈허핑턴 포스트(The Huffington Post)〉를 공동 창간하고, 뒤이어 SNS 콘텐츠 데이터를 기반으로 한 새로운 온라인 매체 〈버즈피드(Buzzfeed)〉를 시작했다. 두 기업에서 생산하는 콘텐츠는 SNS에서 가장 많이 공유되는 뉴스 콘텐츠가 되었고, 두 기업 모두 〈뉴욕타임스(New York Times)〉 접속자 수를 쾌속으로 추월했다. 특히 〈버즈피드〉는 오바마 미국 대통령과 단독 인터뷰도 하고, 경쟁이 치열한 백악관 브리핑 룸에 입성하는 등 그 파급력을 인정받았다.

〈허핑턴 포스트〉와 〈버즈피드〉의 성공은 조나 페레티의 통찰력 덕분이었다. SNS의 성장과 전통적 미디어 기업의 몰락을 보면서 페레티는 새로운 가능성을 발견했다.

막대한 정보에 쉽게 접근할 수 있는 시대, 사람들은 모든 뉴스 콘텐츠를 다 볼 수 없고 그렇게 하기를 원하지도 않았다. 일방적이고 권위적인 뉴스는 더 이상 가치가 없었다. SNS 열풍에서 보듯 뉴스를 선택하는 기준은 사람 간 관계와 개인의 취향이 될 것이었다. 참여하고 공유할 수 있는 콘텐츠가 답이었다. 페레티는 새로운 아이디어를 완성했다. 개인별 콘텐츠 소비 패턴과 SNS에 적합한 뉴스 콘텐츠를 만들어야 한다는 것이었다. SNS를 통해 뉴스를 유통하고 확산시킨다는 전략이었다. 세계의 네트워크를 〈버즈피드〉의 뉴스 콘텐츠로 연결하겠다는 비전이 구축됐다.

페레티는 뉴스 시장이 생산자 중심에서 소비자 중심으로 변할 것으로 생각했고 개방적인 태도로 그 변화를 받아들였다. 그런 생각과 자세가 곧 통찰이었다. 페레티는 독보적인 통찰을 통해 비전을 세워 새로운 기회를 찾았다.

나만의 비전을 찾기 위해서는 페레티의 경우처럼 미래에 대한 통찰이 필요하다.

세상이 너무나 빠르게 바뀌고 있고, 가능성과 기회들은 무수히 생겨났다가 금방 사라진다. 미래에 대한 통찰에 바탕을 둔 비전은 새로운 기회를 주고 남들과 차별성을 갖게 한다. 나의 새로운 기회는 어디에 있을까.

승지가 십만 원정도 든 돼지 저금통을 들고 가출했다. 갈 곳이 없다며 당분간 내 방에서 묵게 해달라고 했다.

"우리나라가 OECD 자살률 1위인 거 아시죠? 근데 우리나라 청소년 사망 원인 1위가 자살인 거도 아세요? 죽겠다고 협박하는 건 아니에요. 안 죽고 가출했으니까 혼내지 마시라고요."

승지를 위해 내가 할 수 있는 일이 뭘까. 미래에는 태어난 지 10여 년 된 무렵부터 삶이 힘겨운 아이들이 어른으로 살아갈 것이다. 사는 게 힘든 지가 이미 한참 된 사람들이 이루는 세상은 어떤 모습일까. 그 미래에서 내가 할 수 있는 일은 뭘까. 페레티의 통찰력을 훔쳐오고 싶다.

〈서영 비전 프로젝트 – 무엇을 위해 살며, 어디로 어떻게 나아갈 것인가 ②〉

○월 ○일 ○요일

인간의 본질적 가치를 생각하자

아쇼카(Asoka)는 기원전 인도의 고대 황제였다. 그는 자신이 아는 세상 모든 존재를 비폭력과 관용의 태도로 대했고, 최초로 봉사단체를 조직했으며, 누구나 자유로이 종교를 선택할 수 있도록 했다. 그의 통치 철학은 그 이름에 그대로 담겨 있다. 아쇼카는 산스크리트 어로 '슬픔을 적극적으로 사라지게 만든다'는 의미라고 한다.

1980년, 기원전 아쇼카의 뒤를 이어 20세기의 아쇼카를 꿈꾸며 등장한 이가 있었다. 빌 드레이튼(Bill Drayton)이었다. 그는 어렸을 때부터 사회 변화에 이바지하는 사람이 되고 싶었다. 초등학생 때는 학생기자단을 조직해 잡지를 출간했고, 고등학생 때는 사회에 대해 의논하는 학생 서클을 조직했으며, 대학생이 되어선 다양한 사회 조직 전문가들을 매주 초청해 토론회를 개최했다. 이후 다양한 사회 경험을 거치며, 사회를 변화시키는 가장 큰 힘은 아이디어임을 깨달았다. 혁신적인 아이디어가 있다면 누구나 사회를 바꿀 수 있고, 개인의 아이디어는 전 세계로 확산되고 복제되어 또 다른 혁신을 낳을 것으로 생각했다. 드레이튼의 비전은 분명해졌다. "세상 모든 사람을 체인지메이커로 만들자!"

1980년, 드레이튼은 비영리기관인 〈아쇼카 재단〉을 설립하고 최초로 '사회적기업가'라는 개념을 만들어 혁신적 아이디어로 사회 변화에 이바지하는 사람들을 발굴했다.

영세민 소액 대출 사업 '마이크로크레디트' 전담 은행인 〈그라민 은행〉의 총재 '무하마드 유누스', 지역 주민들이 재생에너지를 생산하는 공장을 설립해 독일 에너지 기업의 독과점을 무너

뜨리고 독일 정부의 원전 포기를 받아낸 '우르술라 슬라덱', 전국에 공중화장실이 500개뿐이던 나이지리아에서 공중화장실 사업을 벌여 여성 가장과 실업 청년에게 운영권을 주고 배설물로 바이오가스를 생산하는 '아이작 듀로자이예' 등이 〈아쇼카 재단〉으로부터 '아쇼카 펠로우'로 선정된 이들이다.

'아쇼카 펠로우'들은 '체인지메이커'의 롤모델로서 혁신적 정신을 전파해 사람들에게 사회 변화에 대한 영감을 주었다. 재단은 이들처럼 사회에 이바지할 수 있는 아이디어와 재능을 가진 청소년과 대학생 및 성인을 선발해 교육하고, 그들의 커뮤니티를 조직하며, 사회적기업가를 지원하는 프로그램도 진행했다. 30여 년간 사회 혁신과 혁신적 사람에 전념해 온 빌 드레이튼의 〈아쇼카 재단〉은 세계 혁신의 중심이 되었다.

빌 드레이튼이 대단한 이유는 정말 많지만 두 가지가 가장 인상적이다.

첫째, 열 살 때부터 뚜렷한 목표가 있었고, 언제나 그 목표를 위해 인생을 경영했다는 것.

둘째, 인간의 본질적 가치를 담고 있는 비전을 설정했다는 것. 그래서 비전을 향한 노력이 자기 성취인 동시에 인류에 이바지했다는 점. 특히 두 번째가 무척 감동을 준다.

인간의 본질적 가치는 존엄, 자유, 평등, 민주주의, 인권 등을 뜻한다. 사람이 사는 곳이라면 어느 곳에서나 통용되고 공감을 이루는 가치나 기준으로 사람이라면 마땅히 지켜야 한다고 생각되는 것들이다. 이러한 가치는 드레이튼의 비전에서 핵심적 역할을 한다. 그가 말하는 '체인지메이커'는 사회를 변화시키는 개인을 의미하고, 사회 변화는 인간의 본질적 가치를 지향하기 때문이다. 그러므로 드레이튼의 비전에 공감하고 협력하는 사람들이 줄을 잇고, 그 과정에서 사람들이 서로 좋은 영향을 주고받으며 새로운 가치들을 탄생시켰을 것이다. 또, 그의 비전은 다른 사람들의 비전을 촉진하며 다른 이들의 비전과 함께 성장할 수 있었을 것이다.

나의 비전이 나와 다른 많은 사람과 시대를 함께 고양시킬 수 있다는 것은 인간으로서 누릴 수 있는 최대치의 행복이다. 나에게뿐만 아니라 내가 살고 있는 세계에도 선한 영향을 주는 것은 인간으로서 기꺼이 섬겨야 하는 가장 큰 의무이다. 드레이튼처럼 누구라도 공감하고 누구에게든 선한 영향을 줄 수 있는 비전을 찾고 싶다. 그런 비전이 있다면 삶을 강력하게 긍정하게 되겠지. 그래서 내가 나를 좋아하는 일이 더 쉬워지겠지.

승지가 내게 온 지 사흘째. 이쯤 되면 내 차례가 됐을 법도 한데 아직 승지 어머니의 연락을 받지 못했다. 학원에서도 아무 연락이 없다. 모두들 조용하다. 승지는 가출 전에 집에서 무슨 일이 있었는지 말해 주지 않았다. 정말 큰 일이 있었던 걸까. 승지는 밥도 잘 먹고 잠도 잘 잔다. 놀러 온 사람 같다. 방학 중이라 학교도 안 가겠다, 가출을 핑계로 학원도 안 가겠다 진짜 온종일 잘 논다. 질풍노도 청소년 승지의 인권과 존엄을 내가 잘 지켜주고 있는 게 맞겠지? 하지만, 내일까지도 연락이 없으면 학원에 전화해 봐야겠다.

〈서영 비전 프로젝트 – 무엇을 위해 살며, 어디로 어떻게 나아갈 것인가 ③〉

○월 ○일 ○요일

정보를 수집하고 지식을 쌓자

질문 1. 상담사와 임상심리연구자는 어떻게 다른가?

질문 2. 청소년 상담사는 어떻게 될 수 있는가? 직업 환경은 어떠한가?

질문 3. 미래의 상담사는 지금과 같은 형태로 일을 할까?

고려사항 1. 사람들의 삶을 실질적으로 개선하는 데에 가장 효과적인 쪽으로.
고려사항 2. 교육학 지식과 강의 경험을 활용할 수 있는 쪽으로.
고려사항 3. 현장에서 사람들을 많이 만날 수 있는 쪽으로.

비전은 순간적인 발상이나 영감에 의해 우연히 발생되는 것이 아니다. 객관적이고 실증적인 분석을 통해 명확한 비전을 세울 수 있다.
우선 미래에 대해 끊임없이 질문하는 과정이 필요하다. 다음으로는, 질문에 답하기 위해 방대한 정보를 수집하고 분석하며, 다양한 경험과 지식을 쌓아야 한다. 단, 그 과정에서 내가 지향하는 가치가 뒷받침되어야 한다. 그 가치는 미래에 대해 어떤 질문을 할지, 어떤 정보를 수집할지, 수집된 정보 중에서 어떤 것이 적합한지를 판단하는 기준이 되어줄 것이기 때문이다.

나흘째 되던 날, 승지 어머니께 전화를 드렸다. 어머니 대신 승지 아버지가 전화를 받으셨다. 얼마 전에 승지 어머니가 교통사고로 중환자실에 입원 중이라고 하셨다. 아버지는 승지가 지방에 있는 할머니댁에 가 있는 줄 알고 계셨다. 어른들이 모두 경황이 없어

당분간은 승지를 그리로 보내기로 했다는 것이다. 날짜를 따져보니 승지가 나를 찾아온 날이 할머니댁에 간다고 나선 날이었다.

너무 놀라고 당황스러워서 승지를 다그쳤다.

"할머니한텐 안 간다고 미리 얘기 했어요. 그러니까 선생님이 아빠한테 말만 안 하면 돼요."

승지는 이 말만 하고는 다시 이틀째 나에게 아무 말도 하지 않는다. 나와 눈도 마주치려고 하지 않는다. 밥도 먹는 둥 마는 둥 한다. 그렇다고 울거나 겁에 질린 모습을 보여주지도 않는다. 누워만 있다. 승지의 마음이 어떤 모습인지 도무지 알 수가 없다. 승지 아버지께 이렇게 아무 말도 하지 않고 있는 것이 잘하는 건지 모르겠다. 하지만 승지의 누워 있는 그 작은 뒷모습을 보면 뭐든 승지가 원하는 대로 해 주고 싶다. 해 줄 수 있는 게 그것밖에 없다.

내가 만드는 나의 가치, 자기경영!

"자기경영을 통해 개인도 기업처럼 자신을 대표할 수 있는 브랜드를 만들어야 한다." 피터 드러커(Peter Drucker, 경영학 전문가)는 기업 경영을 통해 오랜 시간 검증된 이론을 자기계발에 접목해 '자기경영' 개념을 주장하였다. 기업들이 자사의 브랜드를 만들어 그 가치를 키워나가는 것처럼, 개인도 자신의 브랜드를 높이기 위한 효율적인 실천방법으로 경영을 선택해야 한다는 것이다.

드러커 교수가 주장한 자기경영은 자기계발과 자기관리, 자아실현의 의미를 모두 담고 있는 개념이었다. 그는 "성공적인 자기경영을 통해 시장에서 자신의 가치를 높여야 한다."고 강조했다.

1960년대에 지식사회의 도래를 예견하면서 지식근로자라는 용어를 최초로 소개한 드러커 교수는 수십 년간의 연구와 관찰을 통해서 일 잘하는 사람들의 핵심 요소를 다음과 같이 정리하였다.

- **시간관리**: 체계적인 관리를 통해 자신의 시간을 효율적으로 활용한다.
- **성과관리**: 업무 그 자체가 아니라 결과에 전력을 다한다.
- **강점활용**: 자신의 강점과 동료의 강점, 그리고 각각의 상황에 따른 강점을 바탕으로 성과를 올린다.
- **업무순위**: 업무의 우선순위를 정하고 고수한다. 중요한 일을 먼저 처리한다.
- **의사결정**: 근본적인 의사결정 시스템이 필요하다. 만장일치의 의사결정보다는 다양한 의견에 기초해 판단한다.

이 요소들을 기본 바탕으로 하여 구체적인 자기경영전략을 구사한다면, 각자의 분야에서 경쟁력을 인정받고 자신의 브랜드 가치를 높일 수 있을 것이다.

구체적인 전략 다섯 가지를 함께 기억해 두자.

첫째, 주변의 평판을 기억하라

직장생활에서 평판은 항상 그림자처럼 따라다닌다. 이미지는 조작할 수 있지만 주변 사람들에 의해 만들어진 평판은 조작이 불가능하다. 자기가 좋아하는 사람에 대해서는 호의적인 입장에서 이야기할 수도 있지만 그런 것은 몇 사람을 거치면서 걸러지기 마련이다. 평판은 절대로 없었던 일을 있다고 말하지 않는다. 자신의 평판에 대해서는 늘 신경을 써야 한다.

그렇지만 평판을 관리한다는 것은 어불성설이다. 오해를 일으키지 않는 선까지는 관리할 수 있지만, 평판을 좋게 하기 위해서 직접 할 수 있는 일은 거의 없다. 너무 일반적인 이야기겠지만 좋은 인간이 되고, 유연한 인간관계의 스킬 쌓기 정도가 좋은 평판을 만들 수 있는 비결이라고 할 수 있다. 즉 좋은 인간이 좋은 평판의 시작이라는 것이다.

특히, 회사에는 입사할 때보다 퇴사할 때 더 신경을 써야 한다. 안타깝게도 직원으로 근무할 때 소신껏 열심히 일했지만 퇴사 전 마지막 한 달을 무책임하게 행동하여 자기 평판을 스스로 망치는 사람들이 매우 많다. 퇴사할 때 누구나 상식적으로 할 수 있는 일들만 제대로 마무리하면 좋은 평판을 유지할 수 있다. 감사했던 분에게 인사하고, 자기 업무를 깔끔하게 마무리하는 것만으로도 충분하다. 만약 퇴사의 이유가 인간관계라면 자신과 갈등을 빚은 사람 외의 다른 사람들과는 원만하게 헤어져야 한다.

둘째, 글쓰기는 중요한 경쟁력임을 명심하라

앞으로 직장인에게는 외국어능력보다 글쓰기가 더 중요할 것이다. 회사에서 주어진 업무를 잘 처리하는 것은 별 의미가 없다. 누구나 조금만 훈련하면 할 수 있는 일이기 때문이다. 그러므로 창의적이고 혁신적인 아이디어를 짜내고, 그를 타인에게 잘 이해시키는 능력이 더 많이 필요할 것이다. 그것을 가능하게 하는 것이 글쓰기다.

말은 제약과 낭비가 많다. 주어진 시간에 비해 정보전달력이 현저하게 떨어진다. 그래서 앞으로는 문서를 통해 자신의 의견을 피력하는 경우가 더 많아질 것이다. 좋은 아이디어를 가지고 있어도 그것으로 상대방을 제대로 설득할 수 없으면 아무 소용이 없다. 설득의 수단으로써의 글쓰기는 개인의 경쟁력이 될 것이다.

글을 쓸 때는 간결하고 구체적이며 핵심적으로 써야 한다. 수식이 많고 추상적인 문장은 자신이 그 내용에 대해 잘 모른다고 이야기하는 것과 마찬가지다. 사고가 정립되지 않으면 글을 쓸 수 없다.

셋째, 배움의 자세로 임하라

시오노 나나미(Shiono Nanami)의 〈로마인 이야기〉 중에는 다음 문장이 있다.

"사람들은 자신의 시대를 가장 비참하게 생각한다."

회사를 비롯한 사회생활은 결코 쉽지 않다. 조직은 잘 모르는 사람이 모여서 주어진 목표를 달성하는 집단이다. 그렇기 때문에 갈등과 스트레스가 존재한다. 즐기기 위해 모인 사람들도 며칠이 지나면 싸우기 마련이고, 회사 등의 공적인 조직에서는 말할 것도 없다. 시오노 나나미의 말처럼 자신이 처한 상황과 몸담은 조직은 언제나 엄혹하고 힘들게 느껴진다.

이제 자세를 바꾸자. 단순히 생계를 위해 일해야 한다고 생각하지 말고, 세상을 알고 크게 배우겠다는 태도로 임하자. 지금은 차이가 없어 보이지만, 이런 태도의 차이가 10년 후, 20년 후의 모습을 바꿔 놓는다.

넷째, 책과 신문 읽기를 소홀히 하지 말라

책이나 신문을 많이 읽는다고 해서 무조건 성공하는 것은 아니다. 그렇지만 사회적으로 성공한 사람의 곁에는 항상 책과 신문이 있었다.

인터넷을 통해 정보의 대부분을 접하고 있는 요즘, 책의 중요성과 가치는 더욱 빛난다. 물론 인터넷에는 정보가 차고 넘친다. 몇 번의 검색과 링크를 통해 짧은 시간에 엄청난 자료를 구할 수 있다. 하지만 인터넷에는 자료만 있을 뿐이다. 그 자료를 분석하는 시각과 해석이 없다. 정보 역시 즉흥적으로 변한다는 사실을 기억하자.

신문은 가장 싸고 편하게 정보를 얻을 수 있는 매체다. 인터넷은 관심도를 반영한 조회수 순으로 상위에 오르는 기사만 부각되지만 종이 인쇄한 신문은 뉴스 가치가 높은 것이 눈에 잘 띄게 실린다. 신문만 대충 훑어도 요즘 정세를 머릿속에 그릴 수 있다. 인터넷으로 보면 자극적인 기사만 읽게 되지만 종이신문은 한 장씩 넘기다 보면 내용을 눈에 담을 수 있다. 균형 있는 정보를 얻으려면 화면 속 신문보다는 종이신문을 보는 편이 좋다.

다섯째, 스트레스를 관리하라

누구나 스트레스로부터 자유로울 수 없다. 하지만 스트레스를 어떻게 관리하느냐에 따라 삶의 질은 달라진다.

우선 직장 내에서는 업무에 몰입하더라도 회사 문을 나서는 순간부터는 업무에 대한 일은 잊어버리도록 하자. 대신 업무와 관계없으면서 평소 관심이 있던 취미생활을 만드는 것도 한 방법이다. 단, 너무 어려운 것은 피하자. 취미가 또 다른 스트레스가 될 수 있다. 적당한 노력으로 성취감을 느낄 수 있는 것이 스트레스를 줄이는 데 훨씬 유용하다. 취미로 적당한 운동은 건강관리는 물론 스트레스 해소에도 효과적이다.

비전으로 향하는 징검다리, 목표!
어린 승지의 조언이 서영을 깨우다

"선생님, 요새 '인생게임'은 잘 돼 가요?"

승지가 일주일 만에 입을 열었다.

서영은 과외 학생의 논술문을 보고 있던 중이었는데, 누워만 있던 승지가 갑자기 책상에 얼굴을 들이밀며 말을 걸어왔다.

"좀 괜찮아진 거야?"

"아픈 건 우리 엄마지 내가 아닌데요. 아무튼, 선생님 '인생게임'은 잘 돼 가냐고요?"

서영은 승지의 상황에 대해 더 물으면 승지가 다시 입을 닫을까 봐 승지가 원하는 화제를 따라가기로 했다.

"'인생게임'이라니? 그게 뭐야?"

"보드게임 몰라요? 내 인생을 어떻게 만들지 선택하는 게임이요. 선생님도 지금 그거 하고 있는 거잖아요. 그야 선생님은 보드게임은 아니고 실전이지만."

"아, 그 게임. 근데, 내가 하고 있는 건 그거랑은 다른 거 같은데?"

"난 똑같아 보이는데……."

제2부 이제 실전이다. 혼자 강해지는 힘을 길러라!

"진짜 인생이랑 보드는 완전히 다르지. 보드게임에선 갈림길에서 어떤 선택을 할지 운을 믿고 도박을 해야 하지만, 진짜 인생에선 도박을 해서 내 삶을 앞으로 나아가게 할 순 없어. 자기 자신과 세상을 이해하고 계획을 세우지 않으면 내가 원하는 삶을 살 수 없으니까. 도박은 모면하고 도피하는 것일 뿐이지. 그리고 '인생게임'의 승자는 돈을 가장 많이 번 사람이지만 진짜 인생에선 전혀 그렇지 않고."

"우리 엄마는 달라요. 가끔 가족끼리 '인생게임' 하는데 우리 엄마는 항상 이겨요. 그냥 운으로 하는 게 아니거든요. '인생게임'에도 전략이 있어요. 직업, 근무 기간, 결혼, 부동산 투자, 보너스 카드 같은 것들은 돈 많이 버는 아이템이 정해져 있거든요. 게임에서 돌아가는 차례를 계산해서 남보다 앞서 갈 수도 있고요. 엄마는 엄청난 전략가예요. 게임을 게임으로 하는 게 아니에요. 진짜 인생에서도 그래요. 10년 후, 내 한 달 용돈까지 계산하면서 가계부 쓰는 사람이에요. 내가 어떻게 얼마나 공부해서 어떤 학교를 갈지, 대학에선 뭘 전공할지, 어학연수는 언제 어디로 얼마나 다녀올지, 졸업은 언제 하고 취직은 언제 할지, 어떤 남자를 어디서 어떻게 만나서 결혼을 할지, 내가 아들을 낳을지 딸을 낳을지, 그 아이는 또 어떻게 공부를 해서 어떤 학교를 들어갈지……. 뭐, 그런 것들이 다 엄마 머릿속에 있죠. 우리 엄마한테는 성공이 돈 많이 버는 거고, 진짜 인생이랑 '인생게임'이 다르지 않아요. 대단하죠?"

"응, 정말 대단하신 것 같네."

"우리 엄마는 진짜 인생에서도 항상 엄마 뜻대로 이겨왔어요. 꼼꼼한 전략과 계획 덕분이었죠. 딱 봐도 선생님은 헤매고 있는 거 같으니까 내가 우리 엄마 전술을 좀 알려줄까요?"

서영은 숨도 쉬지 않고 말하는 승지를 그저 바라보았다.

"작심삼일이라는 말이 왜 있는 줄 아세요? 엔트로피(entropy) 현상 때문이에요. 그러면 선생님, 엔트로피 현상이 뭔지 알아요? 아이고, 모를 줄 알았어요.

엔트로피 현상은 주로 물리학에서 다루는 개념인데요, 어떤 물질의 '무질서도'를 말해요. 온종일 아무 생각 없이 텔레비전만 보면 정보나 사실을 계속 일방적으로 전달만 받잖아요. 그러면 창의적인 생각이 사라지면서 자신도 모르게 정신이 점점 퇴화하는 거예요. 그러니까 무엇이든 항상 갈고 닦지 않으면 무질서해지고 퇴화하는 거죠. 이런 게 엔트로피 현상이에요. 이 현상에 따라서, 우리의 삶을 무책임하게 방임한다면 그 삶은 무질서로 변할 확률이 매우 높은 거죠.

게으름의 유혹에서 벗어나지 못하면 무질서와 퇴화 상태가 되고, 결국 작심삼일로 끝나버리는 거예요. 그렇다면 이 게으름을 어떻게 물리칠 수 있느냐? 바로 구체적인 목표를 설정하는 거예요. 그럼,

목표는 어떻게 세워야 하느냐? 내가 다 알려줄게요."

또래보다 성숙한 줄은 알았지만 나이답지 않게 똑 부러지는 승지의 이야기에 서영은 어느새 빠져들고 있었다.

승지의 장황한 설명을 요약하면, 건강한 목표의 기본은 세 가지다.
정확한 수치, 결과보다 과정, 구체적인 전략!
"최선을 다하겠다는 말은 아무 의미도 없어. 뭘 어떻게 할 건지 말해야지."
승지 어머니는 승지를 혼낼 때면 항상 이렇게 말했다. 최선을 다하겠다고만 생각하면, 공부에 집중하지 않고 멍한 채로 책상에 오래 앉아만 있었어도 목표를 달성한 게 된다는 것이었다. 무엇을 위해 어떻게 최선을 다할 것인가? 열심히? 무엇을 어떻게 열심히 할 것인가?
목표는 막연해서는 안 된다. 객관적이고 명확하게 측정할 수 있는 행동용어로 기술해야 하고, 결과 자체보다 결과에 '어떻게' 다다를지 과정에 집중해야 하며 그 과정은 정확한 빈도와 양으로 나타내야 한다. 구체적이고 명확한 목표를 세워야 행동이 변하고 의지가 지속된다.

"그냥 성적을 높이겠다고 하면 돼? 기말고사 평균 95점 이상 찍고, 전교 등수 5등 이내 달성한다는 게 목표가 돼야지. 그럼, 그 목표를 달

성하려면 그냥 그 목표를 써 붙여놓고 계획도 없이 공부만 하면 돼? 걱정하고 스트레스만 받는다고 목표가 이뤄져? 큰 목표를 달성하기 위해 매일 실천하는 작은 목표들이 있어야지. 네가 바로 실천할 수 있도록 정확한 숫자로 구체적으로 잡아서 해야 해!

평일에는 하루에 영어 단어 50개씩 외우고, 수학 문제집 소단원 하나씩 풀고, 책은 4분의 1씩 읽어. 그리고 학원이랑 학교 숙제도 매일 하고. 주말에는 복습하고 독후감 써야지. 체육 점수도 만만치 않으니까 일주일에 이틀은 하루씩 줄넘기 천 개, 운동장 두 바퀴씩 돌면서 단련해야 해. 이렇게 3개월간 매일 계획을 실천해서 평균 점수 95점 이상, 전교 등수 5등 이내를 달성한다! 이런 게 목표지."

승지 어머니는 이렇게 말한 목표를 과목별로 포스트잇에 적어 책상 위는 물론이고 옷장, 냉장고, 화장실 거울, 신발장 등 승지의 동선을 따라 곳곳에 붙여놓았다.

승지는 매일의 목표가 구체적으로 정해져 있었기 때문에 지키지 않을 수 없었다. 집에 들어오면 가는 곳마다 목표가 붙어 있어 방심할 수 없게 만들었다. 빡빡한 과정이 답답하기도 했지만, 한편으론 마음이 편하기도 했다. 주어진 대로 묵묵히 따르기만 하면 됐기 때문이다.

"선생님 표정이 영 별론데요? 모르겠으면 더 쉽게 가르쳐줄게요. 'SMART' 법칙이란 게 있어요. 스마트! 쉽죠? 이것만 기억하면 선생님도 진짜 인생게임에서 이길 수 있어요."

SMART 법칙은 목표를 잘 세우는 유용한 방법이다.

Specific, Measurable, Achievable, Realistic, Time related의 앞글자에서 따왔다. 다시 말해 목표를 구체적이고, 측정 가능하고, 달성 가능하며, 현실적으로, 시간과 관련 있게 설정해야 한다는 것이다.

▶ Specific – 구체적인 목표

"우리 엄마가 5년 전에 엄마 친구랑 계를 시작했대요. 두 사람 다 목표는 5년 후 5억 원을 모으는 거였고요. 근데 5년 뒤인 올해 봄에 두 사람의 통장 잔액은 달랐어요. 한 사람은 5억을 달성했고 한 사람은 실패했죠.

한 사람은 '5년 후 5억 원 만들기'라고만 목표를 세웠어요. 하지만 다른 한 사람은 '2015년 12월 31일까지 내 계좌에 5억 원을 남길 것이다. 그리고 5억 원을 만들기 위해서 하루 한 시간씩 더 일을 할 것이며, 현재의 수익에서 최소 월 80만 원 이상을 더 벌 것이며, 주식투자와 예금을 통해 5억 원을 만들 것'이라고 목표를 세웠어요. 성공한 사람의 목표는 어느 쪽이겠어요? 딱 나오잖아요. 후자가 성공한 쪽이고, 성공은 당연히 우리 엄마가 했죠. 엄마는 번역 일을 그만큼 더 받아왔고 아빠한테도 잔업이랑 야근을 엄청나게 시켰어요. 재테크 공부하면서 투자하고 내 학원비 외엔 거의 다 저축하고요. 정말 지독했어요.

아, 그리고 중요한 건 이걸 글로 쓰는 거예요. 우리 엄마가 말해 준 설문조사 결과가 있는데요. 1953년에 하버드 대학원생을 대상으로 한 설문조사 결과가 매우 놀라워요. 학생들한테 '목표를 명확하게 써두고 있는가?'를 물어봤는데 3%만이 그렇게 하고 있다고 대답했대요. 그 후에 20년이 지나고 나서 그 사람들의 재산과 행복 정도를 다시 조사했어요. 결과가 어떻게 나왔게요? 목표를 정확히 쓰고 있다고 대답한 3%가 소유한 재산이 나머지 97%가 소유한 재산을 전부 합한 것보다 훨씬 많다는 결과가 나왔어요. 돈만 더 많았던 게 아니라, 훨씬 건강하고 훨씬 높은 행복감을 느끼면서 살고 있었대요.

구체적인 목표를 정하고, 그 목표를 글로 써서 눈으로 확인하면서 사는 것이 인생을 완전히 바꿔 놓는 거예요. 우리 엄마는 매일 나한테 '내가 네 인생을 바꿔 줄 거야'라고 말했어요."

▶ **Measurable – 측정 가능한 목표**

"우리 엄마한테 가장 중요한 목표는 돈 모으는 거랑 나 성적 오르는 거, 그리고 다이어트예요. 다이어트를 할 때도 엄만 '몸무게를 줄여야지'라고 느슨하게 생각하는 법이 없었어요.

'1개월에 1킬로그램씩, 5개월 동안 5킬로그램을 줄인다'는 것이 엄마의 목표였죠. '몸무게를 줄이자' 혹은 '날씬해지자' 같은 목표는 측정이 불가능하잖아요. 하지만 엄마의 목표는 측정할 수가 있죠. 내가 얼마나 목표치에 가까워졌는지, 목표를 제대로 달성했는지 판단할 수 있는 기준이 있어야 자신을 파악하면서 더 지속적으로 효과적으로 노력할 수 있고 그만큼 목표 성공률도 높아진다는 거예요. 반드시 변화 정도를 오감을 통해 선명하게 관찰할 수 있어야 해요."

▶ Achievable – 행동 중심적인 목표

"우리 아빠가 2년 전에 회사를 옮겼는데요. 전에 있던 데랑은 분위기가 많이 달라서 아빠가 적응하기 힘들었대요. 다들 바쁘니까 아빠한테 신경 써 주는 사람도 없고. 아빠가 사람들이랑 잘 못 어울리니까 아빠에 대한 이상한 소문도 돌고 오해도 샀대요. 그래서 아빠는 이제부터 '누구나 쉽게 다가오는 친절한 사람'이 되겠다고 했어요. 그걸 듣고서 엄마가 다시 나섰죠. 그래서 뭘 어떻게 한다는 거냐면서요. 아빠는 어떻게 해서 친절한 사람이 될지는 말하지 않았잖아요. 엄마는 그러면 절대 그 목표를 달성할 수 없다고 했어요.

엄마가 바꿔 준 목표는 이래요. '가장 먼저 출근해서 마주치는 모든 사람에게 웃으며 먼저 인사하기'. 별 거 없는 거 같죠? 근데 그렇게 한 달만 했더니 완전히 달라졌어요. 동료들, 경비 아저씨, 청소하시는 아주머니, 건물 설비 관리팀 등 그 회사의 거의 모든 사람이 아빠를 알게 된 거예요. 그리고 아빠 이미지가 엄청 좋아졌어요. 지금은 아빠가 회사 사람들이랑 완전 절친이 됐다니까요.

　엄마 말로는 목표는 사고 중심이 아니라 행동 중심으로, 구체적인 행위가 명시돼야 한대요. 머릿속의 생각만으로는 아무것도 달성할 수 없어요. 목표가 무엇이든 반드시 행동을 통해서만 달성 가능한 거죠."

▶ Result Oriented – 실현 가능한 목표

"아무리 좋은 목표라도 실현할 수 없으면 그건 공상이지 목표가 아니랬어요.

　우리 아빠가 간 수치 위험 수준을 찍고 나서 금주하겠다는 목표를 세웠는데요. 엄마는 아빠가 절대 성공하지 못할 것이라고 호언장담했죠. 이번에도 엄마 말이 맞았어요. 아빠는 일주일 정도 잘 참는가 싶더니 주말에 보상심리로 술을 평소보다 더 진탕 마셔버린 거예요. 그래서 엄마는 아빠의 목표를 또 수정해 줬어요. '오늘 하루만 금주하기'로요.

　영원히 금주해야 한다는 목표는 너무 막연하고 멀어서 오히려 금주에 대한 결심과 계획을 포기하게 만들 수 있잖아요. 그러니까 작은 목표부터 시작하는 거예요. 작은 목표들을 완수하는 훈련을 하다 보면 더 큰 목표도 달성할 수 있다는 자신감을 갖게 되는 거죠. '모든 계단은 한 계단씩 올라가야 한다!' 우리 아빠가 항상 되새기는 우리 엄마의 명언이에요."

▶ Time Limit – 시간을 적절하게 배분한 목표

"저는 매일 해야 하는 숙제는 잘해 가는데요, 현장 학습 보고서처럼 어쩌다 한 번씩 하는 특별 과제는 항상 시간에 쫓기는 거예요. 두세 번 정도 보고서를 망치는 걸 보더니 엄마가 엄청 혼냈어요. 목표를 달성하는 데에 필요한 시간을 적절하게 배분하지 못하고, 즉각 실천하지도 않는 나 같은 사람은 절대 성과를 올리지 못할 거라면서요.

처음에는 보고서를 완성하는 데에 두 시간이면 될 줄 알았어요. 전날에 너무 피곤해서 제출하는 날 아침에 일찍 일어나서 쓰면 되겠다고 생각했거든요. 현장 학습 가서 선생님 설명도 열심히 듣고 조사도 많이 했으니까 금세 훌륭한 보고서를 쓸 수 있을 줄 알았어요. 한 시간 동안 작성하고, 한 시간 동안 검토하면 끝낼 수 있다고 생각했어요. 심지어 제 목표는 '보고서 최우수상'이었죠. 그런데 결국 완성조차 못 했어요. 사진도 첨부해야 하고 자료도 찾아야 하고 느낀 점을 자세하게 써야 했거든요. 두 시간으로는 자료 찾기에도 부족하더라고요.

목표를 달성하기 위해 드는 시간을 과소평가한 거예요. 마감일을 설정하되 소요시간을 너무 짧게 정하지 말았어야 했는데 말이에요. 예상치 못한 문제는 언제든 일어날 수 있는 거잖아요. 그러니까 그런 돌발 상황을 고려해서 조금 여유 있게 시간을 배정해야 했어요.

그렇다고 마감일을 너무 길게 잡아서도 안 돼요. 그때 한 번 실패한 뒤로 다시 보고서를 작성할 때는 이틀을 잡았거든요. 그런데 결과는 똑

같았어요. 또 완성을 못 한 거예요. 원래 사람들은 마감 시간에 맞춰서 자신의 행동을 조절하기 마련인데, 대개 시간이 많을 때 나태해지기가 더 쉽거든요. 주어진 시간이 많을수록 쓸데없는 일들로 시간을 채우는 법이죠.

보고서를 완성도 못 하고 내다니, 자존심에 엄청 상처 입고 나서 목표를 다시 세웠어요.

자료 찾는 데에 두 시간, 작성하는 데에 두 시간, 검토하는 데에 한 시간으로 총 다섯 시간을 잡고 하루 동안 규칙적으로 나눠서 했어요. 최종 목표는 '보고서 최우수상'에서 '보고서 1등 제출'로 바꿨죠.

시간을 적절히 배분해서 목표를 설정하고 나면, '언젠가'라는 생각으로 시작을 미뤄서는 안 돼요. 적어도 계획의 시작 부분은 반드시 즉시 실행할 수 있는 것으로 잡아서 즉시 착수해야 해요. 그렇게 해서 완벽한 보고서를 완성해서 제출했고 나중에는 처음의 목표였던 '보고서 최우수상'도 탈 수 있었다니까요."

승지는 서영에게 SMART 법칙을 실행할 수 있는 기법이라면서 조심스럽게 쪽지를 내밀었다.

쪽지 내용은 자기계발 전문가이자 컨설턴트인 브라이언 트레이시의 '9단계 목표 설정 기법'이었다.

1. A4 용지에 자신이 꼭 이루어야 한다고 생각하는 것들을 적어 목록을 만든다.
2. 중요하지 않다고 생각하는 것부터 차례차례 지워나간다.
3. 마지막으로 남은 것을 자신의 'NO. 1' 목표로 정하고, 이를 다시 A4 용지에 옮긴다.
4. 목표가 실현 가능한 것인지 생각해 본 후 언제부터 목표 달성을 위해 뛸 것인지 출발점을 정한다.
5. 현실적이고 명확한 데드라인을 설정한다.
6. 목표를 이루는 데 장애 요소가 될 만한 것들을 적어본다. 그리고 지금까지 내가 왜 이 목표를 달성하지 못했는지 적어본다.
7. 목표를 이루기 위해 나를 도울 수 있는 사람들의 목록을 작성한다. 그리고 협조를 어떻게 구할 것인지 적는다.
8. 목표를 달성하기 위해 내게 필요한 기술을 적는다.
9. 목표 달성을 위한 세부적인 스케줄 표를 작성한다. 구체적일수록 좋다.

"목표를 완벽하게 세우더라도 나 혼자서는 달성하기 힘들어요. 대신에 주위의 가까운 사람을 자신의 조력자로 만들면 좋아요. 우리 엄마가 아빠에게 조언했던 것처럼 부부나 연인, 친구, 동료가 서로 조력자가 되어주는 거죠. 선생님이랑 나처럼 사제지간에도 가능하고요. 서로 독려하고 점검해 주면 자기 혼자 노력하는 것보다 자극도 되고, 덜 지칠 수 있죠. 선생님, 오늘 나한테 완전 많이 배웠잖아요? 안 그래요?"

주위 사람들한테서 조력을 얻으려면 항상 전심을 다 해야 한다. 매 순간 긴장을 늦추지 말고 최선을 다하는 것이다. 스스로 열정을 보여야 사람들이 신뢰하고, 그래야 힘을 보태줄 수 있다. 꼭 타인의 눈을 의식해서만이 아니라, 어느 순간에도 흐트러진 모습을 보이지 않는 것은 스스로 목표에 매진하는 자세이기도 하니까 반드시 명심해야 한다.

닮고 싶은 사람도 두면 좋다. 그 사람을 벤치마킹하는 것이다. 승지의 어머니는 피터 드러커 교수가 롤모델이다. 그 사람이 말한 시간관리법, 업무처리방법까지 외우고, 그녀만의 엄마만의 방식으로 응용한다. 처음에는 어설프고 서툴겠지만 계속해서 연습해야 한다. 상대에게서 배울 점을 발견할 줄 알고, 그걸 본받을 줄 아는 것도 훌륭한 능력이다.

서영은 쉬지 않고 말하는 승지의 손을 가만히 잡았다.

"승지야, 괜찮아. 좀 쉬었다 말해도 돼."

승지는 서영의 말에 '헉'하고 입을 다물더니 그대로 주저앉아 울기 시작했다.

"우리 엄마는 그렇게 빈틈없이 살았어요. 나는 절대 우리 엄마처럼 살지 말아야겠다고 생각할 정도로 딸한테도 냉철하고 가혹한 사람이었다고요. 그런데 지금 이게 뭐예요. 그게 다 무슨 소용이에요? 내가 학원에서 1등을 하든지 말든지, 아빠가 금주 목표를 넉 달째 잘 지키고 있든지 말든지, 엄마는 아무것도 모르고 누워 있잖아요.

엄마한테 남는 게 뭐예요? 나한테 남는 게 뭐예요? 다 싫어요. 아무도 보고 싶지 않아요."

서영은 우는 승지를 안아주었다.

서영의 따뜻한 품속에서 승지는 안정을 되찾아갔다.

"승지야, 내가 재밌는 얘기 하나 해 줄까?"

울음을 그친 승지는 눈이 퉁퉁 부은 채로 서영의 이야기를 기다렸다.

"옛날에, 한 청년이 왕을 찾아가서 인생의 성공비결을 가르쳐 달라고 간청했대. 그 간청을 들은 왕은 포도주를 가득 따른 잔을 청년에게 건네주고 한 병사에게 명령했지.

'이 청년이 저 포도주잔을 들고 시내를 한 바퀴 도는 동안 넌 칼을 빼 들고 그를 따르거라. 만약 저 청년이 포도주를 엎지를 때는 그의 목을 내리쳐라!'

청년은 식은땀을 흘리며 노력한 끝에 포도주를 엎지르지 않고 시내를 한 바퀴 도는 데 성공했어. 왕은 청년이 시내를 도는 동안 무엇을 보고 들었는지 물었지. 청년은 아무것도 보지 못하고 듣지도 못했다고 대답했어. 왕은 큰소리로 다시 물었어.

'넌 거리에 있는 거지나 장사꾼들도 못 보고 술집에서 흘러나오는 노래도 못 들었단 말이냐?'

'네, 아무것도 보지도 듣지도 못했습니다.'

청년의 말에 왕은 웃으며 말했지.

'바로 이것이 성공의 비결이다. 네가 거리를 한 바퀴 돌면서도 그 잔만 바라보고 정신을 집중시킨 것처럼 너의 인생에 모든 것을 집중하고 살면 반드시 성공할 것이다.'"

"쳇, 재미없어요."

"승지야, 엄마께서는 네가 1등 한 걸 남에게 자랑하고 싶으셔서, 네가 무조건 돈을 많이 버는 직업을 갖기를 원하셔서 그렇게 계획을 세우고 실천하셨던 게 아니야. 그리고 네 인생을 놓고 게임을 하셨던 것도 아니지. 네가 좀 더 나은 환경에서 행복하기를 원하셨던 거야. 그래서 그 목표에 엄마의 모든 인생을 걸고 집중하셨던 거지. 집중하시느라 거리에 있는 거지나 장사꾼들, 술집에서 흘러나오는 노래를 들을 새가 없으셨던 거고. 엄마의 모든 목표는 결국 너의 행복으로 가는 계단이었어."

"그러니까, 그러면 뭐하냐고요. 다른 건 아무것도 즐기지 못하고 목표만 쫓아가면서 살다가 결국 저렇게 의식도 없이 누워 있는데. 그게 다 무슨 소용이에요."

승지는 다시 눈물을 글썽였다.

"그러니까 네가 엄마 곁에 있어 드려야지. 엄마가 일어나시면 같이 할 게 많잖아. 목표도 중요하지만 그 목표로 도달하려는 목적이 무엇이었는지 엄마랑 다시 이야기해야 하잖아. 엄마가 아니라 네가 꿈꾸는 10년 뒤의 너의 모습도 말씀드려야 하고, 그 비전을 위해서 1년 동안, 한 달 동안, 일주일 동안 어떤 목표를 실천해야 할지 엄마와 상의도 해야 하고. 네가 아니라 어머니 당신만을 위한 목표도 세우시라고 말씀드려야 하고. 엄마 없인 네 삶의 목적도 아무 의미 없다고 말씀드려야 하잖아. 목표를 위해 무섭게 집중하기도 하고, 때론 엄마랑 같이 거리의 사람들을 구경하고 노랫소리를 들으면서 즐겁게 살아야 하잖아."

승지는 눈물을 닦고는 서영에게 엄마를 만나는데 함께 가줄 수 있느냐고 물었다. 서영은 가만히 고개를 끄덕였다. 승지는 엄마를 만나고 서영과 함께 중환자실에서 나오면서 말했다.

"엄마는 일어날 거예요. 엄마는 엄청난 전략가니까, 엄마 인생을 이렇게 내버려두지 않을 거라고요."

셀프 리더의 시간은 다르게 간다!
오랜만에 조우한 지민, 시간사용법 노하우를 알려주다

20세기 초, 미국 굴지의 철강 회사 사장이던 찰스 슈바프(Charles R. Schwab)는 밀려드는 업무를 효과적으로 처리하고 시간을 잘 사용할 수 있는 획기적인 방법에 대해 고민하고 있었다. 그는 시간경영 전문가인 아이비 리(Ivy Lee)에게 자문을 구했다.

"나에게 하루 24시간을 가장 효과적으로 사용하는 방법을 가르쳐 주시오."

"좋습니다. 그러면 오늘 밤부터 당장 이렇게 해 보시지요.

저녁에 침대 옆에 깨끗한 종이 한 장과 연필을 준비하세요. 그리고 내일 해야 할 일들을 생각나는 대로 적는 겁니다. 더 이상 생각나지 않을 만큼 적은 다음에 목록들을 보면서, 가장 중요한 것 여섯 가지만 뽑아 보세요. 중요한 것과 덜 중요한 것을 선별하는 것은 회장님이 하셔야 합니다. 종이 한 장의 차이라도 더 중요한 것 여섯 개를 뽑아서 가장 중요한 것부터 순서대로 배열하는 겁니다.

다음날 출근해서 1번 업무를 목표한 만큼 다 끝내기 전에는 2번 업무를 절대 시작하시면 안 됩니다. 온종일 1번이 덜 끝나면 2번은 손을 대지 말아야 합니다. 이것이 꼭 지키셔야 할 규칙입니다. 3번이나 4번이 아무리 강력하게 회장님을 유혹해도 절대 그 유혹에 넘어가시면 안 됩니다. 반드시 1번을 끝낸 후, 2번으로 넘어가십시오. 하루에 다 끝내지 않으셔도 됩니다."

슈바프는 3개월 동안 실천했다. 그 결과, 목표했던 대로 낭비하는 시간 없이 효율을 크게 높일 수 있었다. 슈바프는 크게 만족해 아이비 리에게 사례비로 1920년대에 무려 2만5천 달러라는 거금을 지급했다.

시간은 이처럼 강력한 자원이다. 수십, 수천만 달러를 내주고도 아깝지 않지만 돈을 주고 살 수 없고, 따로 저장할 수도 없는 희소하고 귀한 자원이다. 그러므로 시간을 소중히 여기며 배분하고 계산해 효과적으로 관리하는 습관을 가져야 한다. 균형 있는 안배를 통해 자신에게 자극을 주는 건강한 시간적 압박감을 만드는 것이다.

어느 주말, 서영은 오랜만에 지민을 만났다. 신혼이지만 지민은 약간 살이 빠지긴 했지만 얼굴빛이 밝고 생기에 차 있었다. 3주 전부터 강의도 듣는다고 했다. 강의는 드라마 작가 교육 과정이었다.
"수업이 일주일에 한 번 있는데 목요일 저녁이야. 정시보다 약간 더 일찍 퇴근해야만 수업을 들을 수 있어서 목요일엔 분 단위로 시간을 쪼개 쓸 정도야. 이제 슬슬 과제도 생기고, 목요일에 못 한 일이 생기면 나머지 4일동안 해야 하니까 결국 매일 엄청 빠듯해.”

분명 힘난한 생활인데도 지민은 들떠 보였다.

“백화점 VIP 문학클럽은 어떻게 됐어?”

“근처에도 안 가 봤어. 요새 저녁엔 통 보기 힘드니까 오빠가 투덜거리긴 하는데 반대하거나 무시하진 않아. 그렇다고 투철한 각오가 있다고 생각하진 않는 것 같지만. 구구절절 설명할 필요 없는 일이니까, 뭐. 누군가한테 나를 증명해야 한다면 그 상대는 나 자신이지 다른 사람이 될 필요가 없다는 생각이야! 회사나 다른 누가 시켜서가 아니라 나 때문에 바빠지니까 1분 1초가 특별하더라고.”

지민이 비밀스러운 일을 모의하는 아이처럼 눈을 빛내며 다이어리를 꺼냈다. 반짝 떠오르는 아이디어나 대사를 기록해둔다고 했다. 지민이 다른 일을 하는 중간중간 행여 잊을까 휘갈겨 쓴 메모들을 보면서 서영은 뭉클한 기분이 들었다. 결혼 전 모임에서 보았던 그 쓸쓸한 모습인 채로 스스로를 그냥 두지 않은 친구의 결단이 감동을 주었고 자극도 되었다.

다이어리에는 지민의 시간 계획도 적혀 있었다.

제2부 이제 실전이다. 혼자 강해지는 힘을 길러라!

〈지민이의 시간 계획표〉

1. 시간 기록과 분석

■ 절차

시간 계획을 세워 일지 작성 ▶ 진행 결과 분석, 나의 시간 사용 패턴을 분석 ▶ 그 결과를 반영한 새로운 계획 수립

■ 기대 효과

업무 처리 패턴 파악 및 업무량 예측해 시간 안배, 효율적인 시간관리, 실용적이고 현실적인 시간 계획 수립

■ 패턴 분석 및 개선 방향

• 회사 업무 관련

사내외 미팅 소요 시간이 초과되거나 단축되는 등 애초 계획대로 제어되지 않는 경향

→ 회의 안건 사전 공유 / 팀원 회의는 자주 짧게 / 회의일 업무 계획 유연할 필요 / 교육원 수강일과 회의일정 겹치지 않도록 조정

계획 수립 소요 시간 많은 경향

→ 분 단위 등 지나치게 세세한 계획 지양 / 일정 관리 및 시간관리 애플리케이션 활용

저 연차 사원 교육 소요 시간 일정치 않아 이후 개인 업무 복귀에 영향

→ (회의 필요) 저 연차 사원과 팀 내 소규모 팀 형태로 업무 진행 고려

오후 1시 30분 이후 업무 생산성 최대, 오전은 비교적 저조한 경향

→ 오전에는 주간 및 일일 계획 수립, 전날 미비 업무, 사원 교육, 미팅 등으로 활용 / 오후에 지정된 사내 티타임 시간 조정 필요 / 오후에 업무 집중 배치

목 디스크로 인해 같은 자세로 한 시간 이상 업무 지속 불가

→ 한 시간 단위 업무 계획 및 배치 / 오전 및 오후에 각각 한 번씩 산책 시간 20분 필요하므로 그를 고려해 업무 배치

- **수강 관련**

과제는 매일 조금씩 시간을 내어 진행하는 것보다 주말에 몰아 하는 것이 더 효율적

→ 토요일 오전 과제 집중, 오후 취미 활동 및 외부 모임 / 일요일은 양가 방문 및 부부 시간으로 비워둘 것

관련 텍스트 및 영상 자료에 가장 집중할 수 있는 시간은 출퇴근 길

→ 출퇴근 시간은 편도 한 시간 반이므로 매일 출근 시간에 영상 자료 하나씩, 퇴근 시간에 텍스트 자료 집중

체력 부족으로 수업 직후 밤에는 수업 관련 진행 불가
→ 수업일에는 전반적으로 계획 촘촘히 세우지 말 것

2. 우선순위 결정 및 시간 배분

■ **규칙**

- 매일 아침 일과 시작 전 10분 동안 하루 일과 계획 – 장기 목표와 단기 목표, 일일 목표 점검 및 기록 후 모든 목표를 고려하되 장기 목표에 가중치를 두고, 그에 따라 우선순위 매겨 업무 배치 및 시간 배분
- 우선순위에 따라 신속 결정, 가능한 한 빨리 실천 및 심사숙고하되, 사소한 것조차 해야 할지 말아야 할지 어떻게 할 것인지 결정하고 헤매지 말 것

■ **장기 목표와 우선순위**

- **장기 목표**: 드라마 작가 등단
- **중장기 목표**: 교육과정 클래스 승급(5개월), 작품 한 편 완성(5개월), 극본 공모 응모(1년)
- **단기 목표**: 과제 빠짐없이 제때 제출, 과제 완성도 제고, 드라마 분석회사 프로젝트 매출 개선, SNS 마케팅 보완 및 성과 제고, 업무 효율 제고

- **우선순위 기준**

  - **단기 목표(회사 업무)**: 내용의 중요도 / 상사의 의향, 가치관 및 업무 처리 방식 / 시간 제약(즉시 처리해야 할 일, 오늘 중으로 끝내야 할 일, 시간 나는 대로 하면 될 업무 등)

  - **단기 목표(수강)**: 난이도 낮은 과제부터 / 검토 시간이 가장 짧은 자료부터 / 수업 중 가장 많이 언급된 자료부터

  - **중/장기 목표**: 업무 중 쉬는 시간과 퇴근 후 개인 시간에는 습작 관련 일부터

3. 시간낭비 요소 제거

- ■ **시간낭비 요소 – 경계할 것!**
  - 불필요한 전화와 복사 작업 및 반복적이며 비생산적인 회의
  - 사내 잡담과 개인적인 문제 해결을 위한 업무시간의 유용
  - 동료 및 상사와의 쉽고 직접적인 의사소통 부족
  - 업무 및 수업 관련 인터넷 자료 조사 시 관련 없는 내용 서핑
  - 휴대전화 게임, 용건 없이 휴대전화 메신저 확인
  - 이동 시간, 대기 시간 등 자투리 시간 방치

- ■ **해결 방안**
  - 책상 정리 – 과업 외 용품 제거

- 불필요한 문서 폐기, 소모품 효율적 정리
- 회의 안건 사전 공유, 진척 상황 점검하며 회의 진행
- 한 시간마다 과업 진행 상황 체크해 시간 낭비 여부 점검
- 휴대전화 게임 제거, 메신저 알람 설정 조정
- 자투리 시간에 볼 자료와 책, 메모할 필기구 등 지참

4. IT 기술 적극 활용
- 태블릿 PC 활용 - 간단한 문서 작성 및 확인, 아이디어 메모, 자료 조사, 사진 촬영
- 일정 관리 및 시간관리 애플리케이션 활용
- 영상 채팅 애플리케이션을 활용한 회의 방안 강구
- 클라우드 서비스, 포털 및 검색 사이트 문서 편집 서비스, 인터넷 메모 관리 서비스 활용

"학교를 졸업해도 모범생은 그대로네. 힘들진 않아?"

서영은 지민의 다이어리를 훑어본 후 혀를 내둘렀다.

"제일 잘하는 게 제일 하고 싶은 거랑 똑같으면 좋을 텐데, 내가 제일 잘하는 건 계획 세우는 거라서. 어쩔 수 없네. 그래도 내가 제일 잘하는 게 제일 하고 싶은 것에 도움을 줄 수 있을 거로 생각해."

"그럼, 내가 제일 잘하는 건 참견하는 거라서 그런데 참견 하나 해도 돼?"

"대환영이지!"

"피터 드러커 알지? 요새 내 절친인 아이 어머니 롤모델이시래. 그래서 그 사람에 대해서 이것저것 들은 게 좀 있거든. 그 사람도 시간관리를 엄청 강조했더라고."

"아! 지식 노동자가 과업에 성공하느냐 마느냐는 전적으로 시간에 달렸다고 말했던 사람이지? 본 것 같아."

"응, 맞아. 시간 자원을 엄청 중요하게 생각해서 아예 새로운 시간관리 방법을 만들었어. 나의 시간이 실제로 어떻게 쓰이고 있는지부터 분석한 후에 사용 패턴에서 실제 효과에 별로 영향을 미치지 못한 부분을 제외하고, 조절할 수 있는 시간 단위를 가급적 한 덩어리로 뭉친다! 이게 핵심이야.

먼저, 어떤 일을 할 때 시간 사용 상황을 실시간으로 기록해야 해. 그 기록을 보면서 사용 항목마다 '이것을 하지 않았다면 어떤 일이 일어났을까'라는 질문을 해 보는 거지. 결과에 이바지하지 못한 시간은 철저히 제거하는 거고. 다른 사람이 대신해 줄 수 있는 일은 없는지도 검토해야 해. 내가 다른 사람의 시간을 뺏고 있지는 않은지 돌이켜 보는 거지. 실제로 확인해 보면 뜻밖에 낭비가 정말 많대.

이렇게 패턴을 정리한 후엔, 큰 시간 덩어리를 만드는 거야.

단순히 자투리 시간을 활용하는 차원이 아닌 거지. 조각난 시간으로는 일을 집중적이고 효율적으로 해내기 어렵다는 거야. 보고서나 프레젠테이션 자료 만들 때를 생각해 봐. 20분 하다가 다른 일 하고, 10분 하다가 다른 일을 처리하면 일관성 없는 내용만 남고 결국 마감 시간에 쫓기게 되잖아. 한 시간, 두 시간씩 큰 시간 덩어리를 둬서 누구의 방해도 받지 않고 관련 자료를 읽어보면서 깊게 생각할 수 있는 시간을 확보하는 것이 훨씬 효과적이지.

같은 크기라도 조각난 시간 수십 개보다는 덩어리가 큰 시간 한 개가 훨씬 더 가치 있는 거야. 자투리 시간을 어떻게 활용해야 할지 생각하는 것보단, 실제 성과를 가져다줄 일에 온전히 집중할 수 있는 큰 시간 덩어리를 만드는 데 주력하는 게 중요해.

너도 하루 날 잡고 몰아서 과제를 하는 편이 훨씬 더 효율적이라고 했잖아. 지금 너의 방침대로 일주일에 하루는 누구의 방해도 없이 집중할 수 있는 시간으로 비워두고, 회사에선 가능한 한 미팅들을 하루에 몰아 놓는 것도 좋을 것 같아. 무리하게 혼자 다 하려고도 하지 말고. 맡길 수 있는 일은 다른 사람에게 맡기고! 그렇게 해서 가급적 큰 시간 덩어리를 확보하면 시간을 집중력 있게 활용하면서 일의 완성도도 높일 수 있지 않을까 싶어."

"큰 시간 덩어리, 인상적이다. 나는 피터 드러커 시간관리법이 잘 맞을 것 같아. 근데, 네 절친이라는 애는 내가 생각하는 걔니?"

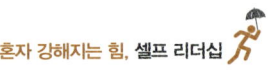

"응. 맞아."

서영과 지민은 마주 보고 웃었다.

"선생님이 피터 드러커를 설명해 줬다고요? 거 참. 믿음 안 가네. 지민 씨에게는 정말 제대로 된 조언이 필요하다고요. 정확히 말해 준 거 맞아요?"

자기 언니도 아니고 선생님도 아니니 지민을 그냥 '지민 씨'라 부르겠다는 당돌한 승지는 서영도 호칭만 '선생님'이라고 부를 뿐 제 친구보다 못 미더워했다. 승지는 당장에 컴퓨터를 켜더니 지민의 SNS에 글을 남겼다.

〈직장인의 성공을 위한 시간관리 전략 20〉

1. 무슨 일이든 미루지 않고 지금 바로 시작한다.
2. 출·퇴근 시 어학청취 등 자동차 안에서 보내는 시간을 활용한다.
3. 최고로 능률이 오르는 시간이 언제인가를 파악해 그 시간에 가장 중요한 일을 한다.
4. 낙관주의자가 되라. 긍정적인 태도가 업무 효율을 높인다.

5. 자잘한 업무들을 묶어서 한꺼번에 처리한다.
6. 정신을 집중해야 하는 창조적인 업무는 행정적인 업무와 분리시킨다.
7. 한 번 손대기 시작한 일은 가능하면 끝을 낸다.
8. 사무실이나 책상의 배열을 개선하고, 특히 책상은 되도록 깔끔하게 잘 정돈한다.
9. 모든 업무상의 편지와 리포트, 수입 명세서 등에 날짜를 기입하고 봤다는 표시를 해두는 습관을 기른다.
10. 계획을 짜고 우선순위를 정하는 데 시간을 할당한다.
11. 동료들이나 상사와의 관계에서 어느 일을 먼저 해야 할 것인가를 의논한다.
12. 빡빡한 스케줄보다 느슨한 스케줄이 업무 완성률을 높인다.
13. 개인적인 전화나 대화는 최대한 자제한다.
14. 아이디어가 떠오를 때마다 써놓을 수 있는 비상노트를 꼭 가지고 다닌다.
15. 스스로에게 업무에 대한 마감 시간을 정해 놓는다.
16. 10분간의 휴식을 가져라.
17. 약속시간에 일찍 도착하도록 항상 10분의 여유를 둔다.
18. 자신의 컨디션에 맞춰 중요한 일과 사소한 일을 분배해 처리한다.

> 19. 정말 원하는 것을 하기 위해 꾸준히 시간을 내려고 노력한다.
> 20. 지금 시각을 최대한 효율적으로 쓰고 있는가 자문한다.
>
> — 출처: USA Today
>
> 지민 씨, 힘내세요!!

 시간은 비전을 실현하기 위한 가장 필수적인 자원이면서 우리의 삶 그 자체이기도 하다. 그 귀한 자원은 누구에게나 똑같이 주어지지만 모두에게 똑같은 속도와 똑같은 크기로 쓰이지는 않는다. 비전을 위해서, 자신이 가진 강력한 자원인 시간을 제대로 활용할 줄 아는 사람이 바로 셀프 리더다. 셀프 리더의 시간은 그냥 흐르지 않는다.

서서히 가라.

생각하는 여유를 가져라.
그것이 힘의 원천이다.

노는 시간을 가져라.
그것이 영원한 젊음의 비결이다.

독서하는 시간을 가져라.

그것이 지식의 샘이 된다.

사랑하고 사랑 받는 시간을 가져라.

그것은 신이 부여한 특권이다.

평안한 시간을 만들어라.

그것은 행복에의 길이다.

웃는 시간을 만들어라.

그것은 영혼의 음악이다.

남에게 주는 시간을 만들어라.

자기 중심적이기에는 하루가 너무 짧다.

노동하는 시간을 가져라.

그것은 성공을 위한 대가이다.

자선을 베푸는 시간을 가져라.

그것은 천국에의 열쇠이다.

- 아일랜드 격언

나를 알아야 나를 다스린다!
서영 갱생 프로젝트 시즌 2 '서영 진단검사'

"선생님, 우피 골드버그가 누군지 알아요?"

"유명한 미국 배우야. 〈사랑과 영혼〉이라는 영화 속 영매 역할이라고 하면 전 세계 사람들이 다 알지. 나이도 많고 유명한 출연작도 예전에 나온 것들이 대부분이라 너는 잘 모를 텐데 갑자기 왜?"

"오늘 학교에서 MBTI 성격 검사했는데요. 제 성격유형이랑 같은 유명인이 우피 골드버그래요. 그 사람이랑 내가 비슷해요?"

"그 사람에 대해 개인적으로 몰라서 뭐라고 대답해야 할지 모르겠는데. 근데 유쾌하고 재밌는 이미지로 통해. 똑똑하고 재주 많은 사람이지. 글쎄, 그런 점이 너랑 닮았나?"

"난 처음에 선생님하고 닮았다고 생각했었는데. 우피 골드버그가 나랑 도대체 무슨 상관이야. 이런 검사는 왜 하는지 모르겠어요. 질문 몇 개에 답한다고 나에 대해 파악할 수 있나? 말도 안 돼. 난 내가 알아서 할 수 있다고요."

"소크라테스는 말했지. 너 자신을…"

"… 알라. 저는 저를 알고, 그 말도 알아요."

제2부 이제 실전이다. 혼자 강해지는 힘을 길러라!

"소크라테스가 했던 말의 진짜 의미는, 네 무지를 알라는 거래. 자신에 대해 모른다는 것을 알아야 한다는 거지. 나도 학원 그만두기 전까지 나를 다 안다고 생각했어. 내가 뭘 잘하고 뭘 좋아하고 뭘 해야 행복할지 다 안다고 생각했지. 그런데 그게 다 틀렸더라고. 나는 나에 대해서 제대로 아는 게 하나도 없었던 거야. 내가 인생을 다 산 건 아니지만 20년이 지나서야 그 사실을 깨닫게 되니까 너무 막막하더라. 너는 나보다 훨씬 일찍 그 사실을 깨달았으면 좋겠어. 그럼, 너는 너를 알기 위해 더 노력할 테고 그만큼 너에 대해 아는 것이 조금씩 늘어나면서 자신감이 생길 테니까.

자신에 대해서는 평생 알아가야 하고 항상 살펴봐야 해. 성격 검사가 전부는 아니지만 너를 알아보고 이해하는 데에 도움이 될 수는 있지. 너 자신에 대해선 다 알 수도 없고, 모른다고 해서 부끄러울 일도 아니니까 성격 검사 같은 새로운 자극도 받아들여 보는 게 어때?"

"선생님 요즘 자아 탐구하시더니 엄청 건전해지셨네요. 근데, 좀 재미없다. 어차피 나는 단순하고 별거 없는 사람이에요. 나를 알기 위해서 평생을 들일 필요도 없고 그런 검사 같은 건 더더욱 할 필요가 없단 말이죠. 오늘은 엄마한테 들렀다 그냥 집에 갈래요. 재미없어서 오래 못 있겠어요."

승지는 매몰차게 서영의 집을 나가버렸다. 서영은 성격 검사에 대한 승지의 과민한 반응에 어리둥절했다. 자신에 대해 전부 아는 것은 아니라는 것을 인정하는 것이 자존심 상하는 걸까? 똑똑하고 야무진 아이니까 그럴 수도 있다. 하지만 승지는 솔직한 아이이기도 해서 자신의 약한 부분을 인정하는 것을 겁내지 않는다. 어쩌면 승지가 겁을 내는 것은 승지 자신에 대해 아는 것 그 자체일지도 모른다.

자신을 정확히 안다는 것은 당연하고 즐거운 일이지만, 한편으로는 어렵고 괴로운 일이기도 하다. 자신의 모습에 스스로 실망할 수 있기 때문이다. 하지만 나를 알아야 나를 다스릴 수 있는 법이다. 자신을 제대로 이해하는 일은 셀프 리더십을 개발하기 위한 가장 중요하고 기본적인 과제다. 그러므로 자신에게 실망하거나 자신으로부터 도망쳐서는 안 되고, 그럴 필요도 없다. 흥미로운 책을 읽듯 자신을 탐구하고, 있는 그대로 받아들이면서 앞으로의 자신을 만들어 가면 된다.

내가 누구인지 알아내는 방법에는 크게 세 가지가 있다. 자기분석, 제3자 의견 청취, 객관적 진단으로 여기에는 성격 테스트 등이 있다.

첫째, 자기분석은 자신의 과거에 있었던 일을 바탕으로 자기상을 그리며 자신을 이해하는 방법을 말한다. 둘째, 제3자 의견 청취는 자신에 대해 다른 사람과 자신이 이해하는 바가 얼마나 일치하는지를 살펴봄으로써 자신에 대한 새로운 단서를 발견할 수 있는 방법이다. 셋째, 객관적 진단은 응답 결과를 바탕으로 일정한 외적 기준과 비교함으로써 자신을 객관적으로 판단할 수 있도록 하는 방법이다.

　이 중에서 제일 쉽게 자기 자신을 알 수 있는 방법은 자기분석이다. 자기분석을 하는 데 특별히 정형화된 절차가 필요한 것은 아니다. 다만 유의해야 할 사항이 있다. 우선 자기에 관한 데이터를 가능한 한 많이 수집해야 한다. 여러 각도의 데이터가 준비되지 않으면 자기분석이 완성될 수 없기 때문이다. 또한 객관성을 확보하는 것도 중요하다. 자기분석 후 제3자에게 그 결과에 관해 설명하고 검증받아야 한다.
　자기분석을 위한 가장 기본적인 방법은 사색하기다. 바쁜 세상에 살면서 자신을 돌아 볼 수 있는 시간을 따로 만들기는 어렵다. 하지만 아무리 바쁘더라도 미래를 창조하는 기회를 만들기 위해서는, 아니 이러한 바쁜 일상에서 탈출하기 위해서라도 자신을 돌아볼 수 있는 용기와 시간을 일부러라도 내는 것이 필요하다.
　〈내면 세계의 질서와 영적 성장(Ordering Your Private World)〉의 저자 고든 맥도날드(Gordon McDonald)는 매월 또는 매주 특정한 날을 정해 자기만의 사색을 위해 비워두라고 말한다. 자신과의 대화를 위한 시간을 사전에 떼어놓으라는 것이다. 그렇게 비워둔 시간만큼은 그 어떤 약속보다도 우선으로 생각하고 아무리 중요한 일이 있더라도 이를 변경하지 말고 반드시 지킬 것을 권유한다.

이때 자신에 대해 어떻게 접근해야 할지 모르겠다면 모건 스콧 펙(Morgan Scott Peck)의 세 가지 법칙을 참고할 수 있다. 정신과 의사이자 베스트셀러 작가였던 스콧 펙은 저서 〈아직도 가야 할 길(The Road Less Traveled)〉에서 다음의 세 가지 법칙으로 자신을 분석할 수 있다고 하였다.

> 1. 일주일간 무슨 일을 하며 보내는지 면밀히 살펴보면서 세세하게 기록한다.
> 2. 자고, 먹고, 배설하는 일 등 인간이 살아가려면 반드시 해야 하는 일들은 제외한다.
> 3. 기록을 바탕으로 내게 주어진 시간에 무엇을 하는지 분석해 본다.

간단해 보이지만 자신을 확실하게 돌아볼 수 있게 도와준다. 어떤 사람은 그냥 아무 생각 없이 멍하니 보내면서 상당한 시간을 보내기도 하고, 또 어떤 사람은 TV와 컴퓨터를 이용하거나 술을 마시고 책이나 영화를 보는 등에 자신의 시간을 사용한다.

자신이 시간을 어떻게 활용하는지를 알아보면 놀라는 사람이 많다. '내가 이렇게 많은 일을 하고 있었나?', '내가 이런 사람이었나?' 자신을 샅샅이 돌아보고 정확한 수치를 접해야 자신의 습관, 취향, 가치관 등을 객관적으로 이해할 수 있고 그를 통해 자신을 제대로 파악할 수 있다.

혼자 하는 등산 역시 사색에 도움을 준다. 땀 흘려서 혼자 정상을 향해 한 발 한 발 내딛는 시간은 일상에 묻혀 있는 자신을 다시 돌아볼 기회를 준다. 현재 자신의 장단점은 무엇이고, 목표를 위해 해야 할 일은 무엇이며, 놓치고 있는 것은 무엇인지를 찬찬히 생각해 볼 수 있다. 자신을 위한 시간을 가진 뒤에는 그 생각들을 기록하고 도표로 정리해 문서로 만드는 과정도 필요하다.

객관적 진단 방법은 자기분석으로 미처 파악하지 못한 부분을 발견하는 데에 도움을 준다. 지표와 유형 분류를 통해 주관성에 매몰되지 않고 냉철하게 자신을 이해할 수 있다. 대표적인 진단 도구로는 에니어그램, MBTI 검사, SWOT 분석, DISC 검사가 있다.

서영은 승지가 화를 내고 가 버린 후 다양한 진단 도구들을 이용해 보기로 마음먹었다. 서영 자신에 대한 이해는 물론, 승지가 불편함을 느낀 지점이 무엇인지 알아보고 싶었던 것이다. 복지기관에서 참여했던 심리 워크숍에서 에니어그램과 MBTI 검사를 경험했지만 간이 검사였기 때문에 공식 기관에서 제대로 해 보자고 생각했다.

서영은 새로운 〈서영 갱생 프로젝트〉 노트를 펼쳤다.

〈서영 갱생 프로젝트〉 시즌 2! '서영 진단 검사'

○월 ○일 ○요일

에니어그램(Enneagram) 검사를 했다. 무료로 간단하게 검사를 해 본 뒤(http://www.anylover.com) 한국 가이던스(http://www.guidance.co.kr)에서 진단지를 구입해 인터넷으로 검사를 했다. 한 40분 정도 걸렸다. 상담 워크숍에서 만난 강사님께 결과 해석을 부탁드렸다.

강사님은 먼저 에니어그램이 무엇인지에 대해 설명해 주셨다.

에니어그램은 사람의 성격을 아홉 가지로 분류하는 성격유형 지표로 자신과 타인을 이해할 수 있는 중요한 단서를 제공한다. 서구에서 고대 중동인들의 지혜에 현대 심리학을 접목해 개발했다. 그리스어인 에니어(ennea; 9, 아홉)와 그라모스(grammos; 도형)의 합성어로 '아홉 개의 점이 있는 그림'이라는 뜻을 지닌다.

아홉 개의 점들은 각각 독특한 성격을 의미하는데 1은 개혁가, 2는 조력가, 3은 선동가, 4는 예술가, 5는 사색가, 6은 충성가, 7은 낙천가, 8은 지도자, 9는 조정자의 중심 특성을 가진다. 이들 아홉 개의 성격유형은 다시 세 가지 힘의 중심으로 나눌 수 있다. 2, 3, 4 유형은 가슴(감정)중심, 5, 6, 7 유형은 머리(사고)중심, 1, 8, 9 유형은 장(본능)중심으로 구성되며, 각 유형은 각각이 속한 힘의 중심의 장점과 경향성을 갖는다.

에니어그램에 의하면 인간의 성격은 정적이지 않다. 심리적 성장과 퇴보에 따라 에니어그램의 숫자가 자신의 기본 성격유형에서 통합의 방향으로 옮겨가기도 하고 퇴보(분열)의 방향으로 이어지기도 한다.

〈에니어그램 9가지 유형의 핵심〉

1. 완벽주의자(합리적 · 원칙적 · 준법성 · 독선적)

    바르게 살고, 자신과 남이 더 가치 있는 인간이 되도록 힘쓰고, 화내지 않으려는 욕구에 따라 행동한다.

2. 돕고 싶어 하는 사람(보살핌 · 관대 · 소유욕)

    사랑받고자 하고, 고맙다는 말을 듣고, 남에게 좋은 감정을 표현하고, 도움이 필요한 사람으로 보이지 않으려는 욕구에 의해 행동한다.

3. 성취욕이 강한 사람(성취자 · 자기만족 · 야망 · 자아도취 · 적개심)

    생산적이고, 성공적이고, 실패하지 않으려는 욕구에 따라 행동한다.

4. 낭만적인 사람(창의성 · 직관력 · 자기몰두 · 우울증)

    자신의 감정을 이해하고, 또 이해받고, 사람의 의미를 찾으며, 평범한 것을 거부하려는 욕구에 의해 행동한다.

5. 관찰을 좋아하는 사람(지각력 · 독창성 · 괴팍함 · 공포심)

   세상 모든 것을 알고 이해하며, 자기만족을 추구하고, 혼자 있고 싶어 하며, 대책 없고 어리석은 인간으로 보이지 않으려는 욕구에 의해 행동한다.

6. 호기심이 많은 사람(호감 · 책임감 · 의존적 · 자학증)

   타인의 동의를 얻어내고, 보살핌을 받고, 반항적으로 보이지 않으려는 욕구에 의해 행동한다.

7. 모험심이 많은 사람(열정적 · 성취지향 · 다혈질 · 조울증)

   유쾌하게 지내고, 재미난 일을 계획하고, 세상에 이바지하고, 고통을 피하려는 욕구에 따라 행동한다.

8. 주장이 강한 사람(자기확신 · 결단성 · 지배적 · 투쟁적)

   자기 자신을 믿고, 강해지고, 세상에 영향을 주는 사람이 되고, 약해지지 않으려는 욕구에 따라 행동한다.

9. 평화주의자(포용력 · 위안 · 수동적 · 무관심)

   평온을 유지하고, 타인과 융화하고, 어떤 충돌이든 피하려는 욕구에 따라 행동한다.

무료 검사에서는 4번과 9번이 동시에 나와 검사를 다시 받아보라는 결과를 얻었다. 두 유형 모두 소극적인 유형이라 헷갈릴 수 있지만 감정을 처리하는 방법이 서로 다르므로 다시 살펴볼 필요가 있다는 것이다.

유료 검사 결과는 아홉 가지 유형이 어떻게 균형을 이루고 있는지, 세 가지 힘의 중심 중 어느 쪽의 분포도가 높은지 등을 분석해서 본래 성격과 사회적인 성격, 극복할 점과 개발할 점을 알려주었다. 나는 가슴과 배에 에너지가 고르게 분포되어 있었고, 성격유형 중엔 4번이 가장 두드러졌으며, 무료 검사 결과와는 달리 차 순위는 5번이었다. 강사님의 말에 따르면, 자신과 타인의 내밀한 감정과 생각을 이해하는 통찰력이 있고 혁신적인 방법으로 자신을 표현하거나 타인을 치유하는 힘이 있다고 한다. 하지만 자존감이 무척 낮고 자신에게 가혹하단다. 사회 속에서의 내 모습은 친절하고 너그러운 사람이지만 내면은 열등감과 피해의식으로 얼룩져 자신을 학대하고 파괴하고 있다고. 차 순위 성향인 냉철한 지성으로 창의성을 다듬어 표현할 수 있다면 자신과 타인에게 좋은 이바지할 수 있을 것이라고 한다.

내가 싫어하는 모습이면서 동시에 내가 자랑스러워하는 내 모습을 문서와 다른 사람의 말을 통해 확인하니 기분이 이상했다. 나는 사실 내가 1번이나 7번, 8번의 사람이었으면 했다. 그렇지 않을 것을 알면서도 그랬다. 언제나 내가 가지지 못한 것을 원하기 마련이니까.

하지만 내가 극복할 부분을 명확히 제시해 주고 개선됐을 경우의 긍정적인 모습을 보여주니, 지금의 내가 마음에 들진 않아도 약간은 안심이 되었다. 내가 좋아하는 내 모습을 더 극대화하고 개발할 수 있다! 스스로를 좋아하는 나를 한 번도 경험해 본 적이 없다. 그 날이 무척 기대된다.

승지는 검사 결과에서 인정하고 싶지 않은 자기 모습을 보았던 걸까? 그렇다면 그건 어떤 모습이었을까?

○월 ○일 ○요일

오늘은 MBTI 검사다. 무료 검사(http://www.16personalities.com/ko)를 해 볼 수 있었지만 좀 더 내게 시간과 노력을 투자하기로 했다. 어세스타(http://mbti.career4u.net)라는 사이트에서 진단지를 구입해 검사했다. 기존 검사 척도에 하위 척도가 추가된 확장형 검사를 선택했고 끝내기까지 40분 정도 걸렸다. 결과 보고서를 온라인으로 바로 받아볼 수 있었다.

가장 먼저 MBTI 검사가 무엇인지 정확히 알아보았다.

MBTI는 Myers-Briggs Type Indicator의 머리글자를 딴 약자로, 캐서린 브릭스(Katharine Briggs)와 그의 딸 마이어스(Isabel Briggs Myers), 그리고 손자인 피터 마이어(Peter Myers)에 이르기까지 3대에 걸쳐

70년 동안 연구한 성격유형검사이다. 심리학자 칼 융(Carl Jung)의 심리유형론을 바탕으로 만들었다고 한다.

융에 의하면 인간은 태어날 때부터 성격의 바탕이 되는 선호경향을 타고난다. 따라서 선호경향을 알면 자신의 성격을 이해할 수 있고, 그를 발달시켜 성숙한 인간으로 성장할 수 있다.

MBTI는 바로 그 선호경향을 파악하는 데에 도움을 준다. 검사를 진행하며 스스로 자신을 살펴보고, 좋아하는 성격의 방향을 알아낼 수 있다. 그리고 그 성격들이 실생활에서 어떻게 작용하는지 이해하고, 앞으로 어떻게 작용할 것인지를 예측하여 미래를 설계하는 데에 도움을 얻게 된다.

MBTI 이론에 따르면 사람은 선천적으로 두 가지 방향에서 한쪽을 좋아하는 방향을 타고나는데, 자신의 선천적 경향을 알고 그를 활용할 때 심리적인 쾌감이 따른다고 한다. 오른손잡이나 왼손잡이가 주로 사용하지 않는 손을 쓰면 서툴고 어색해 왼손을 부자연스럽게 의식하게 되는 것과 같다. 자기가 타고난 경향을 따라 익숙하게 행동할 때 그 반대 방향도 개발시킬 수 있다.

MBTI 검사에서 선호경향은 네 가지로 나뉘어 총 열여섯 가지의 성격유형으로 조합되고, 응답 결과에 따라 그중 한 유형으로 나타난다.

⟨MBTI 네 가지 척도와 열여섯 가지 성격유형⟩

E	**외향**(Extraversion) 외부 세계의 사람이나 사물에 대하여 에너지를 사용	◀에너지 방향▶ Energy	I	**내향**(Introversion) 내부 세계의 개념이나 아이디어에 에너지를 사용
S	**감각**(Sensing) 오감을 통한 사실이나 사건을 더 잘 인식	◀인식기능▶ Information	N	**직관**(iNtuition) 사실, 사건 이면의 의미나 관계, 가능성을 더 잘 인식
T	**사고**(Thinking) 사고를 통한 논리적 근거를 바탕으로 판단	◀판단기능▶ Decition Making	F	**감정**(Feeling) 개인적·사회적 가치를 바탕으로 한 감정을 근거로 판단
J	**판단**(Judging) 외부 세계에 대하여 빨리 판단 내리고 결정하려 함	◀생활양식▶ Life Style	P	**인식**(Perception) 정보 자체에 관심이 많고 새로운 변화에 적응적임

ISTJ - 소금형 (완벽주의자)

매우 신뢰성이 있고, 사실에 대한 완전하고, 현실적이고, 실용적인 면을 가지고 있다. 외면적으로는 차분해 보이지만, 내면적으로는 상당히 바쁘다. 대표 인물: 조지 워싱턴, 조지 부시

ISTP - 백과사전형 (모험가)

조용하고 말이 없으며, 논리적 · 분석적 · 객관적으로 인생을 관찰한다. 대표 인물: 톰 크루즈, 제임스 딘

ESTP - 활동가형 (호걸형)

관대하고 느긋하며, 어떤 사람이나 사건에 대해 선입관을 갖

지 않으며, 개방적이다. 대표 인물: 고갱, 어니스트 헤밍웨이, 잭 니콜슨

ESTJ – 사업가형 (관리자)

일을 조직하고 프로젝트를 계획하고 출범시키는 능력이 뛰어나다. 대표 인물: 해리 S. 트루먼, 존 D. 록펠러

ISFJ – 전통주의형 (보수주의자)

책임감이 강하고, 온정적·헌신적이다. 치밀함과 반복을 필요로 하는 일을 끝까지 해 나가는 인내력이 높다. 대표 인물: 찰스 디킨스, 마이클 조던

ISFP – 성인군자형 (유유자적)

말보다는 행동으로 따뜻함을 나타내며, 마음이 따뜻하고 동정적이다. 대표 인물: 베토벤, 마리 앙투와네트, 마릴린 먼로

ESFP – 사교형 (낙천주의자)

친절하고, 수용적·현실적·실제적이다. 어떤 상황에도 잘 적응하며 타협적이다. 대표 인물: 골디 혼, 밥 호프

ESFJ – 친선도모형 (현모양처)

유난히 동정심과 동료애가 많다. 친절하고 재치가 있으며, 다른 사람들에게 관심을 쏟고 인화를 도모하는 일을 중요하게 여긴다. 대표 인물: 빌 클린턴, 데니 글로버

INFJ – 예언자형 (통찰력)

창의력과 통찰력이 뛰어나다. 강한 직관력으로 의미와 진실된 관계를 추구한다. 대표 인물: 테레사 수녀, 마틴 루터 킹

INFP – 이상주의형 (몽상가)

마음이 따뜻하나, 상대방을 잘 알기 전에는 표현을 잘하지 않는다. 대표 인물: 윌리엄 셰익스피어, 헬렌 켈러

ENFP – 스파크형 (멀티태스킹)

열성적이고 창의적이다. 풍부한 상상력과 영감을 가지고 새로운 프로젝트를 쉽게 시작한다. 대표 인물: 로빈 윌리엄스, 산드라 블록

ENFJ – 언변능숙형

동정심과 동료애가 많으며, 친절하고 재치 있다. 민첩하고 참을성이 많고 성실하다. 대표 인물: 로널드 레이건, 에이브러햄 링컨

INTJ - 과학자형

행동과 사고가 독창적이다. 내적인 신념과 비전은 산이라도 움직일 만큼 강하다. 열여섯 가지 유형 중에서 가장 독립적이고 단호하다. 대표 인물: 줄리어스 시저, 제인 오스틴

INTP - 아이디어형

조용하고 과묵하나 관심이 있는 분야에 대해서는 말을 잘한다.

대표 인물: 아이작 뉴턴, 소크라테스

ENTP - 발명가형 (문제해결사)

독창적인 혁신가이며, 창의력이 풍부하고 항상 새로운 가능성을 찾고 새로운 시도를 즐긴다. 대표 인물: 토마스 에디슨, 알프레드 히치콕

ENTJ - 지도자형

활동적이고 행정적인 일과 장기계획을 선호하며 논리적이고 분석적이다. 대표 인물: 빌 게이츠, 우피 골드버그

검사 결과는 성격유형에 대한 설명과 각 선호경향의 분포에 따른 긍정적/부정적 상호작용 양상을 보여준다.

나는 INFP형이 나왔다. 내향, 직관, 감정, 인식을 선호하는 경향을 보인다. 경향을 설명하는 표로 보자면 오른쪽에 몰려 있다. 아무래도 다양한 부분이 골고루 발달한 사람은 아닌 것 같다.

INFP형의 사람은 사람과 세상의 이면을 직관적으로 이해하고 그를 은유적이고 추상적으로 표현한다. 세상에 선한 영향을 주기 위해 노력한다. 주로 상담가나 문학가에게서 많이 볼 수 있다고 한다. 특히 직관과 감정이 발달해서 내 안의 세계에만 갇힐 수도 있고 허위의식에 빠질 수도 있으니 현실을 외면하지 않도록 노력해야 한다고 한다.

직관과 감정, 이상은 내가 가장 다루기 편한 분야다. 보이지 않는 감정과 사람의 선한 의지를 믿고, 그것이 작동하는 순간을 포착할 줄 안다. 건강한 상태일 때의 나는 세상을 섬세하고 귀하게 대할 줄 안다. 그런 내 모습을 나도 자랑스러워한다. 하지만 건강하지 않은 때의 나는 현실과 이상의 간극에 괴로워하며, 현실을 적극적으로 수용하고 고민하는 일을 거부한다. 그래서 한없는 자기비하에 빠져 내가 나를 고립시키고 만다.

MBTI 검사 결과를 통해 이런 점들을 체계적으로 짚고 넘어갈 수 있었다. 그러니까, 결론은 나의 모습은 내가 선택하고 만든다는 것. 지금 내가 선택한 내 모습은 지금까지 내가 선호해온 경향을 보여줄 뿐이다. 앞으로는 모른다.

승지는 우피 골드버그까지만 말해 줬지만 인터넷에서 찾아보니 승지의 유형은 ENTJ형이다. 목표지향적인 타고난 리더란다. 자기 앞과 위에 다른 사람을 두는 것을 용납지 않는 승지의 모습이 그대로 그려진다. 승지는 검사지 몇 장이 자기를 다 안다고 행세해서 부아가 치밀었을까. 아니면 자신의 성격유형이 마음에 들지 않았던 것일까.

○월 ○일 ○요일

오늘은 DISC 행동유형검사를 할 차례다.

무료로 DISC 검사 애플리케이션을 다운받을 수 있고, 포털사이트에서 DISC 행동유형검사를 검색하면 검사지와 해설지를 찾기도 쉬웠다. 하지만 이번에도 제대로 해 보자는 마음으로 한국교육컨설팅연구소(http://www.kdisc.co.kr)에서 진단지를 주문해 검사를 했다.

DISC 검사는 사람의 본성 자체보다는 특정한 상황에 놓였을 때 그 사람이 어떤 행동유형으로 반응하고 어떤 형태의 태도를 취하는지를 진단하는 방법이다. 그래서 이 검사는 특히 대인관계, 직장생활 등에 큰 도움이 된다. 검사 방법도 매우 간단해 널리 쓰인다고 한다.

일반적으로 사람들은 성장하면서 각자 독특한 동기에 의해 일정한 방식의 행동을 취한다. 그것은 하나의 경향이 되어 자신이 일하거나 생활하는 환경에서 편안하고 자연스러운 모습으로 행해진다. 경향이 된 일상적 행동은 행동패턴 또는 행동스타일이라고 한다.

콜롬비아대학 심리학교수인 윌리암 마스톤(William M. Marston)은 인간이 환경을 어떻게 인식하고, 그 환경 속에서 자신의 힘을 어떻게 인식하느냐에 따라 네 가지 경향으로 행동한다고 보았다. 그 행동유형을 주도형(Dominance), 사교형(Influence), 안정형(Steadiness), 신중형(Conscientiousness)으로 나타내고, 이들이 성격을 구성하는 네 가지 핵심 요소로 보았다.

자신이 어떤 행동유형 경향을 보이는지, 자신이 어떤 성격을 가지고 있는지를 DISC 행동유형검사를 통해 파악할 수 있다.

⟨DISC 행동유형⟩

Dominance/주도형

1. 자아가 강하다.

2. 목표 지향적이다.

3. 도전에 의해 동기부여된다.

4. 통제권을 상실하거나 이용당하는 것을 두려워한다.

Influence/사교형

1. 낙관적이다.

2. 사람 지향적이다.

3. 사회적 인정에 의해 동기부여된다.

4. 사람들로부터 배척당하는 것을 두려워한다.

5. 압력으로 일을 체계적으로 처리 못 할 수 있다.

Steadiness/안정형

1. 정해진 방식으로 일을 수행한다.

2. 팀 지향적이다.

3. 현재의 상태를 안정적으로 유지하는 것에 의해 동기부여된다.

4. 안정성을 상실하고, 변화하는 것을 두려워한다.

5. 압력으로 지나치게 남을 위해 자신을 양보한다.

Conscientiousness/신중형

1. 세부적인 사항에 주의를 기울이고, 분석적이다.

2. 과업 지향적이다.

3. 정확성과 양질을 요구하는 것에 의해 동기부여된다.

4. 자신이 수행하는 작업에 대해 비판당하는 것을 두려워한다.

5. 자기 자신과 다른 사람들에 대해 기대가 높고 지나치게 비판적일 수 있다.

결과는 보통 네 가지 행동유형 중 두 가지가 조합된 형태로 나타난다. 나는 IS(사교/안정)형으로 나왔다. 주로 관계와 정서에 의해 고양되거나 압박받는 경향을 보이고, 사회 속에선 소극적이지만 성실하고 온화한 모습으로 나타난다. 자신감이 없고 의지가 약하며 계획성이 없는 것이 단점이라고 한다. 적절한 직업으로는 다양한 분야의 치료사, 교사 등을 권했다. 사람들에게는 내가 참 성실한 사람의 표본으로 보이겠구나 싶었다. 그런 모습이 나쁜 건 아니지만 답답하기도 하다. 그래도 그게 나다.

에니어그램, MBTI, DISC 검사의 유형에 포획되지 못한 부분들도 내 안에 있을 것이다. 각 검사 결과가 충고하는 보완점을 새겨듣고, 결과에서 인정받은 장점을 동력으로 내가 바라는 나를 만들어가야 할 것이다. 나를 알아가는 중에는 유형으로 규정하기가 쉽고 편하지만, 유형만으로 알 수 없고 유형론을 압도하는 나의 잠재력을 계속 발굴해 가는 것이 앞으로 할 일이겠다.

○월 ○일 ○요일

나의 성격유형을 검사하면서 나에 대해 정리해 볼 수 있었다. 그를 바탕으로 내가 나를 진단해 보기로 했다. 내가 나를 경영하는 힘이 셀프 리더십이지 않은가? 셀프 리더가 되기 위해서는 경영자가 자신의 기업을 분석하듯 내가 나의 조건을 진단할 필요가 있다. 그 분석 결과로 경영자가 경영전략을 수립하듯 나는 셀프 리딩 전략을 세울 수 있을 것이다.

분석 도구로는 SWOT가 있다.

SWOT은 강점(Strength), 약점(Weakness), 기회(Opportunity), 위협(Threat)의 머리글자를 모아 만든 단어로 원래는 경영전략을 수립하기 위한 도구이다. 내적 환경을 기준으로 강점/약점을 분석하고 외적 환경을 기준으로 기회/위협을 분석해 그를 바탕으로 전략을 세울 수 있다. 보통 X, Y축으로 2차원의 사분면을 그리고 각각 하나의 사분면에 하나씩 배치하여 연관된 사항들을 우선순위로 배치한다.

앞으로 더 채워나가야 하겠지만 일단 내가 정리한 바는 이렇다.

	강점 (Strength)	약점 (Weakness)
내부 환경	1. 건강하다. 2. 인내심과 지구력이 강하다. 3. 어릴 때부터 봉사활동을 하여 많은 사람을 만났다. 4. 포용력이 있다. 5. 강의 경력과 교사 자격증이 있다.	1. 자신감이 부족하다. 2. 자기주장이 확실하지 않다. 3. 압력에 취약하고 스트레스를 쉽게 많이 받는다. 4. 투지가 부족하다. 5. 수험 생활로 인해 다양한 경험이 부족하다.
	기회 (Opportunity)	위협 (Treat)
외부 환경	1. 교육과 복지에 대한 사회의 수요는 더 높아질 전망이다.	1. 경기 불황으로 구직 시장이 불안하다. 2. 새로운 통신 기술 도입으로 교육과 복지 분야에 큰 변화가 있을 것이다.
미션: 나를 파악하고 그에 알맞은 비전을 수립하자		

분석을 통해 도달할 미션을 세워 놓은 뒤 SWOT 요인들을 정리하였다. 더 숙고해 분석한 뒤, 앞으로는 분석한 내용 중 강점과 기회는 살리고 약점과 위협은 억제하는 방향으로 전략을 수립해야 한다. 그 전략을 도출할 때, 요인들을 활용할 수 있는 몇 가지 방법이 있다.

1. SO 전략: 기회를 활용하기 위해 강점 사용

2. ST 전략: 위협을 회피하기 위해 강점 사용

3. WO 전략: 약점을 극복해 기회 활용

4. WT 전략: 위협을 회피하고 약점을 최소화

1. 사람, 포용력, 교사 자격증 (S) → 교육, 복지 업계에서 경쟁력 (O 극대화)

2. 구직 불안, 기술 변화 (T) → 강의 경력, 친화적 성격으로 경쟁력 있는 콘텐츠 개발 가능 (T 회피)

3. 다양한 경험 부족하나 수험 경험이 있고, 자신감이 부족하고 스트레스에 취약하나 그를 상쇄하기 위해 철저히 준비하고 성실하므로 (W 극복) → 유망한 교육, 복지 업계 진출 가능 (O)

4. 압력 취약 (W), 구직 시장 불안 (T) → 경쟁이 치열한 분야나 직업 환경은 피할 것

나를 해체하고 재조립하면서 미처 생각지 못한 전략을 발견할 수 있다. 내가 나를 모르겠냐는 생각으로 안일하게 매몰되기 쉬운데, 객관적인 기준과 방법으로 나를 살펴보니 평소의 고정관념을 뛰어넘는 발견이 있을 것 같다. 나를 분석하는 일은 모호하

> 고 추상적인 작업이 아니라 실증적이고 체계적인 일이다. 나를 놓고, 순전히 나를 위해 두뇌싸움을 벌이는 일이 즐겁다. 어떤 전략을 얻게 될지, 그 전략으로 어떻게 나를 경영해갈 것인지 궁금하다. 흥미진진하다.

서영은 승지에게 검사 결과와 그에 대해 기록한 일지를 보여주었다. 승지는 자료를 모두 보고 난 뒤 한숨을 쉬었다.

"제 검사 결과는 정말 맘에 안 들어요. 난…. 엄마가 빨리 일어났으면 좋겠고 엄마를 사랑하지만, 엄마를 좋아하진 않아요. 엄마처럼 되고 싶진 않아요. 그런데 우피 골드버근지 뭔지, MBTI 결과 좀 봐봐요. ENTJ형이래요. 딱 엄마잖아요. 완전 독불장군 관리자. 선생님 말씀이 맞는 거 같아요. 난 검사 결과가 맘에 안 드는 게 아니라 내가 맘에 안 드는 거예요."

"너도 전에 그랬잖아. 이런 검사가 너를 다 말해 주진 못한다고. 유형이 아무리 많아도 한 사람을 완벽히 설명할 수 있는 유형은 없어. 그리고 이렇게 봐서 알겠지만 이 검사들은 내가 지금까지 어떤 모습이었는지를 돌이켜 보고 응답한 것만을 얘기해 줄 뿐이야. 내가 변하지 않는 어떤 기질을 갖고 있다고 해도 앞으로 내가 그 기질을 어떻게 사용하고 삶을 어떻게 만들어갈지는 아무도 모르는 거야. 진단 검사나 다른 사람은 알려 줄 수 없어. 나는 오직 내가 이끄는 대로 따라갈 테니까.

　내가 싫어하는 나의 모습, 좋아하는 나의 모습이 모두 다 나고, 나를 어떻게 이끌지는 내가 결정할 수 있어. 나에 대해 한 번 더 생각하고 내 모습을 있는 그대로 받아들인 다음 앞으로의 나를 꿈꾸는 거, 그게 검사와 분석을 하는 이유라고 생각해. 이번에 내가 느낀 점은 그래."

　승지는 빙긋 웃어 보였다. 오랜만에 보는 예쁜 미소다.

　"선생님, 진짜 건전하고 진짜 재미없는 거 알아요? 근데 진짜 맞는 말인 거 같아요."

팔로워십이 리더십을 만든다!
지민의 멘토 찾기 프로젝트

고대 그리스 이타이카 왕국의 왕인 오디세우스는 전장으로 떠나기 전 한 친구를 찾아갔다. 친구에게 아들 텔레마코스를 맡기며 보살펴 달라고 부탁했다. 친구는 오디세우스가 돌아오기까지 텔레마코스의 친구, 선생님, 상담자, 때로는 아버지가 되어 그를 잘 돌보아 주었다.

이후 친구는 훌륭한 본보기가 되어, 지혜와 신뢰로 한 사람의 인생을 이끌어 주는 지도자라는 의미로 그 이름이 널리 쓰이기에 이르렀다. 그 친구의 이름은 '멘토(Mentor)'였다.

심리학자 알버트 반두라(Albert Bandura)는 멘토와 같이 훌륭한 사람을 모델로 하여 스스로 변해가는 것을 모델링이라고 명명했다. 자존감과 자기효능감 등 자신에 대한 신념은 모델링을 통해 강화될 것이라고 보았다. 그리고 강화된 자기 신념은 개인의 행동과 환경에 지배적인 영향을 미치며 인생의 성공을 기대하게 함으로써 개인을 지속적으로 노력하도록 만든다고 주장하였다.

모델링의 구체적인 효과는 다음과 같다.

첫째, 관찰에 의한 학습효과다. 직접 시행착오의 과정을 겪지 않고 관찰하는 것만으로도 자신을 교정할 수 있다. 관찰만 하기보다 행동으로 직접 실험을 하면서 교정을 할 때 더 효과가 있는 것은 당연하다.

둘째, 어떤 행동을 억제하는 억제효과와 억제되어 있던 행동을 활성화시키는 탈억제효과가 있다. 회사동료 중 누군가를 닮고 싶어서 쉽게 짜증내던 것을 참으려 노력하고, 부끄러워서 하지 못했던 '먼저 인사하기'를 시작하는 것은 모델링으로 인한 억제 및 탈억제효과를 보여준다.

셋째, 동일시효과다. 모델을 따라 하게 될 때 기대되는 반응촉진효과다. 자신이 관계를 맺은 특정 개인이나 그룹 등의 목적과 가치를 마치 자기의 목적과 가치인 것처럼 여기는 경우에서 그를 볼 수 있다.

즉 모델링은 비전으로 가는 길을 찾는 데에 강력한 단서이자 자극이 된다. 그리고 모델링을 위해서는 자신이 따를 멘토를 찾는 것이 가장 중요하다.

장애를 가졌지만 위대한 사회운동가로 거듭난 헬렌 켈러(Helen Keller) 옆엔 그녀를 응원하며 살아갈 희망을 심어주었던 스승 앤 설리번(Anne Sullivan)이 있었다. 보이지도 들리지도 않는 외로움 속에서 울고 소리 지르는 것으로만 의사표현하던 헬렌 켈러에게 설리번은 촉각으로 소통하는 방법을 가르쳐주었다. 또한, 성인이 된 헬렌 켈러에게 세상의 불의와 맞서는 방법도 알려주었다. 헬렌 켈러는 그 영향을 받아 정치 운동과 사회 활동에 참여하며 뛰어난 작가이자 사회운동가의 삶을 살았다.

정복 군주로 유명한 알렉산더(Alexander) 대왕 곁에는 아리스토텔레스(Aristoteles)가 있었다. 어린 알렉산더는 스승 아리스토텔레스가 권한 〈일리아스(Ilias)〉를 읽으며 영웅심을 키웠다. 아리스토텔레스는 왕위에 오른 알렉산더에게 정신문화의 중요성을 강조했고, 알렉산더는 그 영향으로 영토 팽창뿐만 아니라 문화와 예술 전파에도 관심을 기울이게 되었다. 이후 알렉산더는 정복 군주로 이름을 떨쳤을 뿐만 아니라 헬레니즘 문화를 꽃피운 왕으로 길이길이 칭송받았다.

미국의 43대 대통령 빌 클린턴(Bill Clinton)의 자서전에는 부모님과 아내의 이름보다 '앨런 라킨(Alan Lakein)'이라는 한 작가의 이름이 먼저 나온다. 젊은 시절 클린턴이 서점에서 우연히 집어 들었던 책 한 권이 있었는데, 그 책에는 인생을 어떻게 관리할 것인지에 대한 답이 있었다. 그 책의 작가가 바로 앨런 라킨이었다. 클린턴은 라킨이 알려준 대로 실천했고, 불리한 여러 조건을 극복해 대통령에 취임할 수 있었다.

헬렌 켈러와 알렉산더, 빌 클린턴이 자신의 길을 찾고 업적을 이룰 수 있었던 것은 멘토의 영향 때문이다. 평생을 같이한 스승이든 실제로 한 번도 만나보지 못한 사람이든 훌륭한 멘토는 한 사람의 습관과 일상을 변화시키고 결국 인생을 바꾼다.

닮고 싶은 누군가를 찾아 그로부터 신뢰와 지지를 받고 가르침을 얻으며 인생을 설계할 수 있다면 우리의 인생도 바뀔 수 있다. 평생을 추종할 멘토를 찾는 일은 매우 중요하고 필수적인 일인 것이다.

　서영은 이전 만남 이후 오래지 않아 지민을 다시 만났다. 지민이 워낙 바빠 한참 후에나 다시 볼 줄 알았는데 승지 덕분에 만날 수 있었다. 승지가 지민에게 만나자고 연락을 했고 그 자리에 서영도 초대한 것이다.
　"힘든데 무리해서 나온 거 아니니?"
　얼굴이 그 새 더 핼쑥해진 지민에게 서영이 걱정스레 물었다.
　"힘들긴. 요새 마음이 아주 편하고 좋아. 지금 막 우리 멘토 선생님 뵙고 와서 지금은 특히 기운이 펄펄 솟는 중이야."
　"멘토요? 지민 씨도 멘토가 있어요? 어떤 분인데요?"
　승지가 눈을 빛내며 관심을 보였다.
　"교육원에서 만난 작가 선생님이야. 수업 초기에 내가 형편없는 과제를 냈는데, 그 과제를 보고 이러시는 거야. '부지런하고 성실하니까 이제 글만 잘 쓰면 되겠다. 사실 글만 잘 쓰면 될 사람이 별로 없다. 그래서 당신을 보니 아주 반갑고 즐겁다. 글은 쓰면 는다.' 다른 수강생들에 비하면 정말 엉망진창이었는데, 그렇게 말씀해 주시니까 얼마나 감동이었는지. 나의 어떤 점을 가치 있다고 여겨주는 분이라면 정말 믿고 혼날 수 있을 것 같아서 선생님 계속 쫓아다니는 중이야. 쓰신 작품도, 성품도 정말 존경스러워서 꼭 닮고 싶은 분이지. 나도 그런 작가, 그런 사람이 됐으면 좋겠어."

"난 글 쓰는 사람도 아닌데 그 선생님 말씀 감동이다. 좋은 분 만났네. 나도 반갑다."

"저도 있어요, 멘토."

승지가 불쑥 고백했다.

"오, 그래? 어떤 분이야?"

"서명숙이라는 분인데요. 지민 씨랑 선생님, 그 분 아세요?"

"어머! 나 알아. 제주 올레길 만든 분 아냐?"

지민이 화들짝 놀라 물었다.

"예, 맞아요."

"단순히 롤모델이 아니라 멘토라면, 그분을 잘 아는 거야?"

"뭐, 실제로 만난 적은 없어요. 그냥 책이랑 기사로만 봤어요. 근데 정말 내 멘토로 딱이에요. 20년 동안 엄청 능력 있는 기자로 열심히 일하다가 일에 회의를 느끼고 지쳐서 다 그만둬 버렸대요. 안정된 경력을 다 버리는 거였으니까 어머니가 엄청 반대했는데도 이제 다 컸으니까 나도 내 맘대로 쉬고 싶다고 몰아붙였대요. 산티아고 순례길도 혼자 다녀오고요. 나중에 산티아고에서 힌트를 얻어서 제주에 올레길을 만든 거죠. 주위에서 다 미쳤다고 말리는 것만 골라서 한 분이에요."

"그냥 무작정 멋있어 보인다고 해서 그 사람을 멘토로 삼을 수 있는 건 아니지 않을까. 지민이 말대로 롤모델이랑 멘토는 다른 거니까."

서영이 고개를 갸웃하며 의문을 제기하자 지민이 말을 이었다.

"맞아. 멘토는 단순히 닮고 싶고 멋있어 보이는 사람이나 나한테 가치 있는 걸 가르쳐 주고 영향을 주는 사람만을 말하는 게 아니야. 진정한 멘토는 가르치는 것을 넘어서, 본인보다 멘티가 더 뛰어난 존재로 성장할 가능성이 있다고 느낄 때 더 넓은 세상, 더 좋은 멘토를 만날 수 있도록 도와주는 사람이지. 멘티의 가치를 제대로 이해할 줄 아는 사람 말이야. 물론 멘티는 그 멘토를 닮으려 노력할 테고 그건 자기 성장에 바람직한 일이지만 진짜 멘토의 의미가 그게 다는 아니란 거지."

"그럼, 제가 서명숙 씨한테 직접 연락해서 제 가치를 증명하면 되는 거예요?"

"네가 정말 원한다면 그렇게 도움을 구해도 좋겠지만, 먼저 생각해 볼 게 있어. 승지 넌 어떤 인생을 살고 싶니? 이상향에 따라 바람직한 멘토상도 달라져. 네가 원하는 인생을 사는 데에 그분이 길잡이 역할을 해 줄 수 있는 거니?"

"질문이 너무 어려워요."

"네가 훌륭하다고 생각하는 사람들의 이야기를 많이 접하는 건 좋아. 하지만 그 사람들을 무작정 추종할 게 아니라, '그렇다면 나는 어떤 인생을 원하는 것인가'를 차분하게 먼저 생각해 봐야지. 그 후에 너를 이끌어줄 수 있는 멘토를 찾는 거지. 너에게 맞는 멘토상이 있겠지만 훌륭한 멘토들의 기본적인 조건이 있어. 네 멘토상에 부합하고 기본적인 조건에 맞는 사람을 찾아야 해."

"그 조건이 뭐예요?"

"나도 멘토를 찾으면서 늘 생각했던 조건인데, 다섯 가지가 있어.

첫째, 행복하게 성공한 사람. 성공한 사람들은 많아. 중요한 건 성공만을 보면서 힘겹고 불행하게 산 사람이 아니라 행복하게 성공한 사람을 찾아야 한다는 거지. 우리 모두 행복하려고 성공하려는 거잖아? 멘티는 멘토가 걸었던 길을 따라가게 되니까 행복한 멘토를 찾아야 해.

둘째, 삶의 균형감이 있는 사람. 물질과 마음, 이성과 감성, 기술과 자연, 긍정과 부정 등 삶의 여러 영역 사이에서 균형을 이루는 사람이어야 해. 일에만 몰두하고 가정을 등한시하는 사람이라면 아무리 뛰어난 업적을 세웠다고 해도 삶의 지혜를 알려줄 수 없지 않겠어? 한쪽에 치우치지 않고 전체적인 균형을 보고 정확한 조언을 해 주는 사람이 훌륭한 멘토지.

셋째, 실패를 통해 배운 사람. 실패를 통해 거듭난 사람은 자신을 훌륭하게 성장시킬 줄 알아. 반대로 어려움 없이 엘리트 코스를 밟

아온 사람은 왜 실패하는지를 이해하지 못할 수 있고 실패를 극복하는 방법도 모를 수 있지. 새로 태어난 경험이 있는 사람이라면 큰 마음가짐과 넓은 시야로 멘티를 지켜줄 거야.

넷째, 겸손한 태도로 일상을 사는 사람. 크게 성공했다고 자만하거나 사람을 경시하는 태도를 취하는 사람은 훌륭한 멘토가 될 수 없어. 자신 외의 세상을 존중하지 않고 이해하지 못하는데 어떻게 멘티의 길잡이가 돼 주겠어? 겸손한 태도로 모든 이들과 숨김없이 자신의 모든 것을 나누는 사람에게 더욱 큰 배움을 얻을 수 있는 건 당연한 얘기지.

다섯째, 대인관계가 좋은 사람. 파트너나 가족 등 주위 사람과 사랑을 주고받으며 행복한 관계를 만드는 사람은 다른 사람의 가치를 볼 줄 알고 타인을 진정으로 도울 수 있는 자질이 있다고 봐야 해. 또, 대인관계가 좋다는 건 주위 사람들이 그 사람이 훌륭하고 건강한 사람이란 걸 보증해 주는 것이기도 하고. 사람의 가치는 그 사람 가까이에 있는 사람이 가장 정확하게 판단할 수 있으니까. 사회적으로 성공했어도 친밀한 친구가 없거나 파트너와의 사이에 문제가 있는 경우가 많아. 그럼, 그 사람으로부터는 진정한 가르침이나 존중을 받기 어렵겠지.

이 정도를 유의하면 좋은 멘토를 찾을 수 있을 거야."

"지민 씨 멘토는 그 조건을 다 갖고 있는 거예요? 그런 사람이 세상에 있단 말이에요?"

"놀랍지만 있어. 그래서 그런 사람들이 멘토가 되는 거고 우리는 열심히 쫓아가는 거지."

"멘토 선생님도 훌륭하지만 지민이 너도 대단해. 인생의 목표를 정해서, 도움 주실 멘토도 찾았고 무엇보다 멘토를 따라 착실하게 실천하고 있으니까. 목표니 멘토니 계획을 세우기는 쉬워도 정작 결심하고 실천하는 건 정말 어려운 일이잖아. 그래서 난 지민이 네가 존경스러워."

"서영 선생님 말씀이 맞아요. 공식적인 조사 결과도 있어요. 미국 《월 스트리트 저널》에서 조사한 바에 따르면, 지난 10년 동안 무일푼이었다가 부자가 된 사람들 사이에는 어떤 공통점이 있대요. 모두 결단력이 강한 사람들이었다는 거죠. 생각을 하고 계획을 세웠으면 지금 당장 결정을 내리라 이거예요. 그래야 성공해요."

"중국의 유명한 전략가인 한비자도 말했지. '5리(里)를 걷는 동안 일을 결단할 수 있는 자는 왕이 될 수 있는 자다. 9리를 걷는 동안 결단할 수 있는 자는 왕은 될 수 없지만 강한 자임에는 틀림이 없다. 일을 결정하는 데 우물쭈물 날짜를 보내고 있으면 정치가 정체되기 때문에, 나라(國家)가 깎이는 결과를 낳는다'."

"나는 부자도 되고 왕도 될 수 있겠네? 신나는데."

지민이 장난스럽게 어깨춤을 추자 서영과 승지는 웃음을 터뜨렸다.

"전요, 인생의 목표 같은 건 없어요. 지금은요. 그런데 언젠가는 엄마 말도 단호하게 뿌리칠 수 있을 만큼 확고한 뭔가가 생겼으면 좋겠어요. 그래서 난 서명숙 씨가 멋졌어요. 마흔 살이 넘어서도 반항했다고 하잖아요. 근데, 지민 씨 말을 들으니까 서명숙 씨한테 당장 연락한다고 해도 막상 할 말이 없긴 하네요. 뭐라고 하겠어요. 그냥 좋다고 사랑 고백을 할 수도 없고. 나는 뭘 하고 싶다든지, 하다못해 나는 이러이러한 사람이라든지, 내가 왜 하필 서명숙 씨한테 연락을 하게 됐는지를 말해야 하잖아요. 근데 그게 없네요. 서명숙 씨를 계속 좋아하긴 할 건데, 이런저런 다른 고민도 해 봐야겠어요."

"승지는 언제나 자기 인생을 가만 두지 않고 발버둥치고 있단 말이지. 그래서 훌륭한 멘티가 될 것 같고 나중엔 훌륭한 멘토도 될 것 같아. 그런 점에서, 훌륭한 멘토의 조건엔 '훌륭한 멘티였었던 사람'도 포함되지 않을까. 모든 멘티는 잠재적인 멘토이고."

"아 정말, 선생님 무슨 말인지 잘 모르겠어요. 그래서 내가 멘티라는 거예요, 멘토라는 거예요?"

승지의 어리둥절한 표정에 서영은 웃으며 말했다.

"힘껏 살라고, 지금처럼."

훌륭한 멘토를 찾았다면 더 좋겠지만 찾지 못했다 해도 계획을 넘어

결단하고 실천하는 것이 중요하다. 훌륭한 멘토에 대한 팔로워십이 셀프 리더십에 도움을 주기도 하지만, 나를 믿고 행동하는 자신에 대한 팔로워십도 셀프 리더십을 만든다.

말콤 글래드웰(Malcolm Gladwell)의 '1만 시간의 법칙'은 꾸준한 실천과 행동의 힘을 보여준다. 어느 분야에서든 세계적 수준의 전문가가 되려면 1만 시간의 연습이 필요하다. 계획과 망설임으로 시간을 낭비할 것이 아니라 묵묵히 행동해 충실한 시간을 보내야 한다는 것이다.

구체적인 실천 비법도 있다. 어쩌면 1만 시간을 좀 더 줄여줄 수 있는 방법이 될지도 모르겠다.

《뉴욕타임스》의 저널리스트이자 베스트셀러 〈탤런트 코드(The talent code)〉의 저자 대니얼 코일(Daniel Coyle)은 성공적 삶을 위한 비법을 이렇게 정리하였다.

첫째, 안락한 성공은 없다. 불편한 상태를 유지하라.

사람은 자신의 한계치인 '불편한 상태'에 있을 때 가장 많이 성장한다. 한계에 부딪히면 그를 극복하기 위해 그 어느 때보다도 뇌가 가장 많이 성장한다.

영어를 잘하고 싶다면 안락한 방에서 홀로 앉아 문법책만 들여다볼 것이 아니라 주변 사람이나 외국인과 영어로 대화하고 영어로 된 책을 읽는 등 불편한 상황에 자신을 던져야 한다. 어느 분야에서 능통해지고 싶다면 실패가 예정된 상황에 자신을 노출시켜 끊임없이 잘못을 깨달아가며 자신을 극복해 나가야 한다. 불편한 상태일 때 가장 크게 도약한다.

둘째, 책 속에 성공은 없다! 독서를 멈추고 행동부터 하라.

'3분의 2 법칙'이 있다. 성공적인 삶을 위해 공부하는 데 3분의 1의 시간만을 투자하고 나머지 3분의 2는 직접 행동하는 시간에 투자하라는 것이다. 실전에서 부딪혀야만 더 빨리 배울 수 있다. 우리의 뇌는 행동하면서 진화한 것이지 듣고 보아서 습득한 것으로 진화하지 않았다.

셋째, 자신에게 적당한 목표를 설정하라.

어려운 것을 배우면 쉽게 그만둘 가능성이 크다. 반대로 너무 쉬운 것을 배우게 될 때도 쉽게 그만두곤 한다. 자신의 능력보다 약간 더 높은 목표를 설정하고 이에 매진해야 한다.

넷째, 우직하게 지속하라.

같은 양의 연습을 하더라도 한 번에 한 시간 반을 몰아서 하는 것보다 매일 20분씩 연습하는 사람이 더 빨리 습득하고 더 빨리 향상된다. 오랜 시간과 노력을 들여 꾸준히 실천하면, 들인 시간만큼 했던 고생만큼 그대로 쌓인다. 멈추거나 미루지만 않으면 된다. 계속 가라.

다섯째, 최고의 롤모델을 찾아라.

롤모델을 두는 것은 최고가 되기 위해 최고를 공부하는 것으로 목표를 실현하는 데에 가장 쉽게 강력한 도움을 얻을 수 있는 일이다. 훌륭한 롤모델은 강력한 동기와 영감을 준다. 비전을 향한 좋은 아이디어와 자신감을 얻을 수 있다.

여섯째, 뇌도 휴식이 필요하다. 하루 중 반드시 낮잠을 자라.

성공하는 사람들의 공통적인 습관에는 놀랍게도 '낮잠'이 있다. 낮잠을 자는 것은 절대 게으른 것이 아니다. 낮잠을 자면 뇌가 정리정돈된다. 필요 없는 일이나 괴로운 일은 안 보이는 구석으로 밀쳐지고, 묻혀 있던 독창적인 아이디어들이 잘 보이는 곳에 놓인다. 새로운 의욕과 열의를 담을 수 있도록 부정적인 감정을 청소해 편안한 상태로 만들어 준다. 낮잠으로 자신을 환기시키고 상쾌하게 오후를 시작하라.

훌륭한 멘토를 찾아 그를 꾸준히 따르고 묵묵히 실천하는 것은 자신을 위한 가장 행복한 시간이며 행복을 만드는 과정이다. 멘토에 대한 팔로워십과 자신에 대한 팔로워십은 행복을 좇는 일이고 충만한 셀프 리더가 되는 길인 것이다. 반드시 따르고, 행하라.

나에게 말하라... 그러면 나는 잊을 것이오,
나를 가르치라... 그러면 나는 배울 것이오,
나를 열중시키라... 그러면 나는 기억할 것이다.

– 벤저민 프랭클린, 미국의 정치인, 과학자, 저술가

혼 자   강 해 지 는   힘
SELF
LEADERSHIP

제3부

나는 곧 브랜드다!
퍼스널 브랜딩하라!

세상을 선도하는 브랜드 파워, 바로 당신!

"매년 세계 브랜드 가치 TOP 100의 1, 2위를 다투는 IT 기업, 혁신적인 디자인, 직관적인 사용 환경, 프레젠테이션의 대명사, 감성적 광고, 한 입 베어 먹은 사과."

위의 설명에 해당하는 기업은? 그렇다, 애플(Apple)이다. 21세기를 사는 소비인구 중 위의 설명을 듣고 애플을 떠올리지 못하는 사람은 없다고 보아도 좋을 것이다.

디자인, 제품 사용 환경, 광고 및 마케팅 전략, 로고는 애플의 브랜드를 보여준다. 그 브랜드는 사람들의 필요와 욕구를 정확히 자극하면서 각인시키고 사람들이 제품을 구입하도록 만든다.

이제는 모든 사람이 애플이 되는 시대다. 모든 사람이 고유의 브랜드를 지니는 시대라는 의미이다.

전통적 개념의 브랜드란 상품이나 기업의 상표, 이미지, 전달하는 경험 등을 포괄하는 것으로 소비자에게 전해지는 기업의 가치를 말한다. 그리고 홍보, 마케팅, 광고, 디자인 등에 이용된다. 하나의 브랜드를 만드는 일은 어렵지만 한번 구축하면 그 브랜드 이미지 하나만으로도 소비자의 구매를 이끄는 강력한 힘을 발휘한다. 그래서 모든 기업은 브랜드와 그 힘을 만들기 위해 부단히 노력한다.

 지금은 블로그, 페이스북, 트위터, 인스타그램, 유튜브 등의 소셜 미디어의 발달로 TV나 신문, 잡지 등과 같은 권위적 집단의 일방적 콘텐츠는 영향력을 크게 잃었다. 대신 다양한 개인들이 독자적인 콘텐츠로 활발히 소통하는 문화가 보편화됐다. 의지만 있다면 개인의 취향과 선호하는 것, 특기를 다른 사람들에게 쉽게 알릴 수 있다. 열린 공간에서 다른 사람들의 피드백도 쉽게 받을 수 있어 자신의 콘텐츠를 검증받고 더욱 개발해 나갈 수도 있다. 평생직장이 사라진 시대이고, 안정성과 집단성이 옅어진 대신 더 커진 개인의 힘을 미디어를 통해 개발할 수 있다. 개인들에게 위기가 아니라 기회가 열렸다. 기업이 브랜드를 구축하듯 '퍼스널 브랜드'를 만들고, 기업이 브랜드 파워를 떨치듯 개인이 영향력을 떨칠 때다.

 퍼스널 브랜드는 기업 브랜드의 개념을 개인에게 적용한 것이다. 즉 특정 개인에게서 느껴지는 가치와 이미지라고 할 수 있다. 퍼스널 브랜딩은 이러한 퍼스널 브랜드를 만들어가는 과정으로, 개인의 존재를 브랜드화해서 타인에게 자신의 가치를 보여주는 활동을 의미한다.

 퍼스널 브랜드는 크게 두 가지 형태로 나눌 수 있다. 하나는 순수 개인적 직업인, 다른 하나는 기업에 소속되어 자신의 브랜드를 만들어가는 사람이다.

개인적 직업인은 1인 기업가나 프리랜서다. 최근에 급부상 중인 아프리카TV의 'BJ'나 '페(이스)북 스타', '스타 유튜버'로 불리는 크리에이터들도 이에 해당한다. 이들은 명령하고 지시하는 상사가 없기 때문에 자유롭다는 장점이 있지만, 자신의 이름을 걸고 모든 일을 해 나가기 때문에 모든 결과에 대한 책임을 오직 혼자서 감당해야 하는 부담이 있다. 현 사회에서 개인적 직업인의 형태를 가진 사람의 비중은 아직 적은 편이지만, 점차 늘어날 것이다.

반면 기업이나 조직에 속해 있으면서 그 브랜드를 등에 업고 자신의 브랜드를 만들어가는 사람이 있다. 미국의 한 조사 결과에 따르면, 브랜드 콘셉트와 비전을 가지고 있는 직장인이 그렇지 않은 직장인보다 10% 이상 높은 연봉을 받고 있다고 한다. 국내 한 컨설팅업체의 조사 결과에서도 자사 고객의 연봉 인상률이 일반 직장인 연봉 인상률보다 15.7% 높게 나타났다고 발표한 바 있다. 이 회사의 관계자는 퍼스널 브랜드 구축은 1년 후가 아니라 5년, 10년 후의 자기 가치를 향상시키는 효과적인 방법이라고 강조한다.

기업의 정직원이지만 1인 기업가의 속성을 가지고 있는 사람은 기업 내에서도 차별화된 자신만의 역량을 가지고 스스로 가치를 높인다. 그 사람은 뛰어난 직원이 될 뿐만 아니라 소속 조직 브랜드와 함께 성장하며 조직을 능가하는 독자적인 브랜드가 되는 것이다.

   퍼스널 브랜딩은 정해진 한 가지 방법만 있는 것이 아니다. 자신의 현재 상황과 특징, 성향 등을 잘 살펴보고 자신에게 더 적합한 형태로 자신의 퍼스널 브랜드를 키워가는 전략을 세워야 하는 것이다.
   퍼스널 브랜드를 만들기 위해서는 먼저 자신을 꼼꼼히 살펴봐야 한다. 그동안의 경험과 주변 사람들의 조언을 바탕으로 가장 자신 있는 것이 무엇인지, 나를 가장 잘 표현할 수 있는 것이 무엇인지 생각해야 한다. 즉 나의 객관적 콘셉트를 정리하는 것이 우선이다.
   이후 그 콘셉트에 따라 자신의 경쟁적 우위를 찾아서 차별화 지점을 마련해야 한다. 또한, 그 개성에 전문성도 더해야 한다.

   자신의 콘텐츠를 구축한 후에는 이를 전파하고 자신을 알려야 한다. 그를 위해서는 사람들과 '관계'를 맺고 그 관계를 유지, 강화해야 한다. 적극적 지지자를 만드는 것이 도움된다. 이때 소셜 미디어가 강력한 도구가 될 수 있다. 자신의 SNS에 자신의 콘텐츠와 관련한 해외 자료를 번역해 포스팅하거나 관련된 재미있는 영상이나 이미지를 큐레이션해 보여줄 수도 있고, 자신의 콘텐츠를 영상으로 촬영해 보여주는 방법도 좋다. 이들은 단순한 스크랩이 아니라 자신의 전문성을 중심으로 틈새시장을 공략할 수 있는 구성이어야 한다. 자신을 표현할 수 있는 슬로건을 넣는 것도 중요하다. 슬로건은 자신을 잘 드러낼 수 있으면서, 애플의 'Think Different'처럼 이해하기 쉽고 단순하며 단정적인 표현으로 구성해야 한다.

이때 축적된 콘텐츠를 도서로 출판하는 것도 도움이 된다. 출판 작업을 통해 흩어진 지식을 통합할 수 있고, 콘텐츠를 정리할 수 있는 계기가 된다. 자신이 알고 있는 지식의 실체를 객관적으로 바라볼 수도 있다. 지지자를 모으고 지지도를 공고히 할 수 있는 기회가 되기도 한다. 즉 전문성을 강화하고, 동시에 전문성을 검증받고 홍보하는 기회가 될 수 있는 것이다.

이렇듯 다양한 방법으로 유용성과 재미를 제공해 지지자가 생기면 그들과 적극적으로 관계를 맺고 소통해야 그들을 적극적 지지자로 만들 수 있다. 적극적 지지자들은 개인의 가치를 강화하고 확산시킨다. 그로써 그 개인은 분명한 퍼스널 브랜드를 구축하게 되고 시장에서 인정받게 되는 것이다.

퍼스널 브랜드를 만들고 강화하는 이 모든 과정은 쉽지 않고 모두에게 적용되는 일률적인 방법이 있는 것도 아니다. 하지만 기본 원칙은 있다. 각자의 상황에 맞는 전략을 찾는 데에는 다음의 원칙들이 기준이 되어줄 것이다.

첫째, 말보다 행동이다.

'말'은 사람의 생각이나 느낌 따위를 표현하고 설명하는 데에 쓰는 음성기호이다. 그러나 아무리 말을 잘해도 그것을 실천하지 않으면 말을 안 하는 것만 못하다. '행동이 말보다 더 많이 말한다', '행동은 열매요, 말은 잎이다', '미리 행하는 것이 미리 말하는 것보다 낫다', '행동이 말하는 곳에서는 말이 필요 없다'와 같은 속담들은 말보다 행동이 중요하다는 교훈을 준다. 예나 지금이나 말이 많은 것에 대해서 긍정적인 평가가 적다. 휘발성이 강한 말보단 확실한 행동이 더 큰 신뢰를 얻을 수 있다는 것이 시대불문하고 진리다.

자신만의 브랜드를 구축하기 위해서는 사람들에게 흔들리지 않는 신뢰를 주어야 한다. 말은 그 의미가 아무리 옳고 바람직해도 결국 아무것도 보증하지 못한다. 행동으로 보여야 자신의 가치와 선의를 확실히 입증할 수 있다. 그러므로 모두에게 인정받는 퍼스널 브랜드를 만들고 싶다면 말 대신 행동으로 보여라.

둘째, 작은 행동 하나하나가 결정적 요인이다.

사람들은 매일 반복되는 일상에는 별로 관심을 두지 않는다. 습관적으로 전화를 받고, 관성적으로 상사의 지시를 처리하며, 무심히 동료들과 어울린다. 중요한 고객을 만나거나 인사 평가를 받는 등 특별한 이벤트가 있을 때에야 자신의 행동에 관심과 주의를 기울인다.

하지만 일상은 언제나, 모두에게 노출되어 있어 그때의 작은 행동 하나하나가 그 사람을 규정한다. 그러므로 매일 매 순간 나는 사람들에게 어떤 이미지를 심어주고 있는지 객관적으로 인식할 필요가 있다. 일상의 작은 행동은 이미지만 결정짓는 것이 아니다. 그 사람의 자질도 작은 행동 하나하나를 통해 사람들에게 검증받는다. 따뜻한 사람, 전략을 잘 세우는 사람, 마케팅에 능통한 사람, 편한 사람, 도전적인 사람 등 자신이 원하는 모습을 바라기만 한다고 해서 정말 그렇게 될 수 있는 것은 아니다. 다른 사람들도 인정해 주지 않는다. 일상적으로 노출된 작은 행동을 통해 그에 해당하는 자질이 있음을 증명할 수 있어야 그 모습으로 인식될 수 있다.

퍼스널 브랜드는 개인의 특정 이미지와 가치를 의미한다. 이미지와 가치는 그 개인이 의도하거나 의도하지 않고 했던 일상의 작은 행동을 통해 형성되므로, 퍼스널 브랜드는 그 작은 행동들에 영향을 받지 않을 수 없다. 평소에 어떤 모습을 보여주었느냐에 따라 브랜드 가치가 향상될 수도 손상될 수도 있는 것이다. 특별한 날, 특별한 행동으로 자신을 꾸미려 하지 말고, 브랜드가 자연스럽게 내재된 일상을 살아야 한다. 작은 행동에 주의를 기울이자.

셋째, 매 순간 최선을 다한다.

"우리가 최선을 다해야 하는 이유는 사람들을 감동시키기 위해서가 아니다. 최선을 다할 때만이 나 자신이 즐겁게 일할 수 있기 때문이다."

세계적인 동기부여 전문가 앤드류 매튜스(Andrew Matthews)가 한 말이다.

매 순간 최선을 다한다는 것은 확실한 목표를 두고 그를 실현할 수 있다고 굳게 믿고 있다는 것이며, 그 과정을 진심으로 즐기고 있다는 것이다.

하기 싫은 마음을 참고 억지로 대충 끝내거나 무작정 오래 붙들고만 있거나 비효율적으로 자신을 혹사시키는 것은 매 순간 최선을 다한 것이라고 할 수 없다. 단순하게 보면 과업을 완수하고 과정에 충실하며 노력을 들였다고 할 수도 있겠지만, 목표는 전혀 고려하지 않고서 최선을 다했다고 스스로를 속인 것뿐이다. 최선을 다했다는 말, 최선을 다하겠다는 말을 쉽게 하지만 제대로 실천하는 사람이 드물다.

퍼스널 브랜드는 신념과 자신에 대한 믿음이 없으면 만들 수 없다. 그러므로 목표를 향해 매 순간을 즐기는 사람, 즉 매 순간 최선을 다하는 사람만이 자신의 힘을 발굴하고 퍼스널 브랜드를 구축할 수 있는 것이다. 순간순간 집중하고 매진하라. 결국, 모두가 집중하는 브랜드가 된다.

넷째, 멀리 내다봐야 한다.

초등학교 시절 꾸던 꿈이 청소년 시절에도 그대로 이어지거나 성인이 되고 나서도 변치 않는 경우는 많지 않다. 개인의 능력 문제라기보다는 사람은 자라면서 더 다양한 상황을 경험하게 되고, 그에 따라 처리해야 할 자극이 많아지며, 그 자극들 간에 이질성은 더 커지면서 생각과 마음이 변하기 때문이다. 기술 발달이나 사회 조직의 재편으로 환경이 달라지기 때문이기도 하다. 각자 인생의 모습은 늘 변하고 빨리 변한다. 10대, 20대, 30대, 40대, 50대, … 각각 다르다. 지금 계획하거나 이미 이룬 브랜드가 10년 후, 20년 후에는 경쟁력이 없어질 수 있고 자신의 지향점과도 어긋나게 될 수 있다.

그러므로 브랜드를 구축할 때는 지금 당장의 상황만 고려할 것이 아니라 10년 후의 모습을 생각하며 스토리를 만들어 보는 것이 좋다. 하지만 이조차도 어렵다면 스트레스를 받으며 억지로 먼 훗날을 예측하고 계획할 필요는 없다. 고민하되 과도한 스트레스를 받을 필요는 없고, 10년 후를 대비해야 한다는 강박으로 비현실적이고 허술하게 계획할 필요도 없다는 것이다. 브랜드는 나만의 것이 아니라 타인과의 소통의 산물이다.

타인에게 소구력이 있어야 하므로 구축 과정에서 타인의 필요를 파악해야 하고 구축 뒤에 타인의 구매를 유도해야 한다. 그러므로 자신이 스트레스를 받거나 허술하게 브랜드를 만든다면 타인에게도 지지를 받지 못한다. 따라서 자신이 가장 잘할 수 있는 영역부터 자신감을 하나씩 쌓아나가는 것이 중요하다.

자기가 할 수 있는 것들이 조금씩 많아지면 자신이 어떤 방향으로 나아가야 할지, 특정 분야가 어떤 방향으로 발전할지 등이 보인다. 결국,

오래도록 경쟁력 있는 브랜드를 만들 수 있다. 시선은 멀리 보고, 발은 한 걸음씩 나아가라.

퍼스널 브랜딩의 개념은 미디어를 통해 쉽게 접할 수 있다.

최근에 요리사, 운동선수, 웹툰 작가, 시사평론가, 의상/헤어/메이크업 디자이너, 인테리어 디자이너, 정신의학과 전문의 등 다양한 분야의 전문가들이 미디어에 등장하고 있다. 인기 BJ와 스타 유튜버들은 연예인에 버금가는 인기를 누린다. 이들은 지금 대중이 목말라 하는 정보와 재미를 담은 콘텐츠 그 자체다. 대중의 필요를 충족시켜 줄 수 있는 자신만의 전문성과 콘텐츠를 지니고 개성적인 캐릭터를 구축해 사람들의 주목을 받고 있는 것이다.

이들은 전문성을 바탕으로 다양한 분야를 넘나들며 자신의 역할을 확장하고 있다. 또한, 스타 요리사들은 자신들의 매니지먼트 회사를 설립하고 스타 유튜버들은 크리에이터 기획사를 설립하는 등 퍼스널 브랜드 네트워크를 형성해 전문성을 강화하고 경쟁력을 높인다.

이러한 모습은 다음의 퍼스널 브랜딩의 효과를 생생히 입증한다.

첫째, 강력한 퍼스널 브랜드를 구축하면 시장에서 주목을 받고 경쟁력을 갖게 된다.

둘째, 치열한 경쟁이 벌어지는 시장에서 영역을 확장할 수 있다. 명확한 브랜드는 다양한 분야와 시너지를 낼 수 있으므로 그 교류 속에서

영역 확장이 일어나는 것이다.

셋째, 명확한 퍼스널 브랜드는 다른 강력한 브랜드와 관계를 맺기 쉬워 네트워크를 형성해 서로를 강화하며 동반 성장하는 선순환을 이룰 수 있다.

퍼스널 브랜딩은 미디어에 등장하는 특별한 사람의 특별한 전략이 아니고, 브랜딩 효과도 특별한 사람만이 누릴 수 있는 것이 아니다. 모든 사람이 얼마든지 시도하고 성공할 수 있으며, 모두에게 필수적인 전략이다. 누구나 잠재적인 파워 브랜드이다.

퍼스널 브랜드는 당신이 만나기를 원했던 사람들, 즉 회사의 면접관이나 투자자, 고객, 언론사와 방송사 관계자, 유망한 파트너 등이 먼저 당신을 찾게 할 것이고, 당신이 꿈꾸던 비전이 모두의 비전이 되도록 할 것이다.

즉 퍼스널 브랜드는 비전을 위해 스스로 당신을 계발하고 증명하는 것으로, 강력한 셀프 리더십을 행사하는 일이다. 당신의 브랜드 파워로 당신과 세상을 리드하라!

퍼스널 브랜드는 나로부터 시작해
나로 끝난다

지민 퍼스널 브랜드를 구상하다

시인이자 철학자였던 프리드리히 니체(Friedrich Nietzsche)는 자신을 아는 자는 세상에서 못 해낼 일이 없다고 말했다. 자기를 아는 것은 참으로 어렵지만 그를 해낸다면 자유롭고 행복하게 살 수 있다는 의미이다. 자신을 이해하는 일은 삶을 계발하기 위한 필수 조건이자 평생의 과업이다.

퍼스널 브랜드 구축을 위해서는 무엇보다 자신에 대한 깊은 이해가 필요하다. 고심에 고심을 거치는 인내와 숙성의 과정을 거쳐야 한다. 한 번에 명확한 답을 낼 수는 없다. 계속해서 질문을 던지고 스스로 하나하나 답을 찾아 나가야 한다. 자신의 틀에만 갇혀서도 안 되지만 다른 누군가에게 의존해서도 안 된다. 자신을 스스로 이해하는 일은 누가 알려줄 수 있는 것이 아니다. 다른 사람이 도와주더라도 스스로 깨닫지 못하면 아무런 소용이 없다.

내 재능은 무엇일까?
내가 가진 자질은 무엇이고, 그것으로 무엇을 할 수 있을까?
나를 발전시키려면 어떤 믿음을 가져야 할까?

생활에 충실하면서 자신의 행동과 생각을 돌아보고 동기와 자질 등 그 이면에 대해 끊임없이 질문해야 한다.

어쩌면 한 번도 경험해 보지 못한 일들, 이를테면 물건을 팔거나 기계를 다루는 일에 자신의 진짜 재능이 있었음을 발견할 수도 있다. 비록 다른 사람 앞에 서보지는 않았더라도 가르치는 일을 잘할 수도 있으며, 어떤 일을 혁신적으로 변화시키거나 사람을 만나서 설득하는 일이나 영업을 잘할 수도 있다. 또한, 학교 성적이 좋지 않았더라도 사회에서는 인정받을 만한 능력과 자질을 갖추고 있을 수 있다. 수익을 창출하는 일은 못하지만 개발력이 뛰어나거나 수익을 창출할 수 있도록 지원하는 역할을 할 수도 있다. 봉사활동이나 사회에 공헌하는 능력이 탁월할지도 모른다.

자신에 대한 새로운 발견과 깨달음은 자신을 향한 끊임없는 관심과 질문으로부터 나온다.

미국 최고의 동기부여가 앤서니 라빈스(Anthony Robbins)는 우리가 자신에게 부여하는 정체성은 스스로 내린 결정에 불과하다고 말한다. 우리는 스스로 부여한 정체성을 바탕으로 자신이나 타인을 판단하고 그 판단이 옳다고 생각하면 그에 따라 일관되게 행동하려는 경향이 있다. 나를 탐색하고 나의 정체성을 발견하는 일은 내가 나를 선택하는 일이고, 결국 내 운명을 바꾸는 퍼스널 브랜딩의 시작이다.

"근데 선생님은 일 안 해요? 돈은 있는 거예요?"

서영이 시켜준 치킨을 뜯어 먹으며 승지가 서영에게 물었다.

"너 치킨 사 줄 돈은 있으니까 걱정하지 말고 드세요~."

"뭐, 회사 다녀야 돈을 버는 건 아니니까. 요샌 나 하나만 있으면 한 달에 수천만 원도 벌잖아요. 나 좋다고 고백한 남자애도 자긴 회사 안 들어갈 거래요. 1인 기업을 하겠다나 뭐래나."

"너한테 고백한 남자애? 너 남자친구 생겼어?!"

"아녜요! 내가 나한테 고백한 애라고 했지, 남자친구라곤 안 했잖아요. 고백했다고 다 사귀었으면 15년 인생, 연애만 하다 늙었을 거거든요? 그리고 걘 지금까지 고백한 애들 중에서도 진짜 별로예요. 그냥 다짜고짜 홍띵이 되겠다잖아요."

"홍띵?"

"'양띵'처럼요."

"양띵이면, 그 스타 유튜버라는?"

"네. 인터넷 게임 플레이하는 것도 보여주고 먹방도 보여주고 여러 가지 하는데, 뽀로로가 초통령 자리를 그 사람한테 갖다 바쳤잖아요."

"근데, 왜 하필 양띵이 롤모델이야? 1인 기업이라면 다른 경우도 많을 텐데."

"TV는 못 들고 다니지만 스마트폰은 들고 다니잖아요. 요샌 인터넷 영상이 갑이라니까요. 제일 힘 센 분야에서 힘 센 사람이 되겠다는 건 당연하죠. 그리고 미래의 홍띵님이 그러는데요, 그 사람은 자기 닉네임 하나가 그냥 브랜드라나 뭐라나. 다른 사람한테 지시를 받거나 매인 것도 아니고 자길 좋아하는 수많은 사람이랑 함께 자기가 좋아하는 걸 할 수 있다는 거죠. 인정도 받고요. 그러니까 홍띵 걔도 자기 능력, 자기 하나만으로도 언제 어디서나 잘 살 수 있는 사람이 되고 싶다는 거예요. 뭐, 내가 브랜드가 되는 거 좋죠. 근데, 걔는 닉네임만 정해놨지 뭘 할지는 아무 생각이 없어요. 그나마 그 닉네임이란 것도 남의 거 그대로 따라 한 거잖아요. 걘 그냥 유튜브 채널만 개설하면 다 되는 줄 안다니까요. 생각 없는 것까진 봐주겠는데 허세는 못 참아요. 접근금지 명령 내렸어요."

"허, 이제부터 내가 어떤 브랜드가 될지 생각해 보면 되잖아. 그 남자애뿐만 아니라 어른들도 그런 사람들 많아. 나도 별다를 거 없고. 브랜드가 되겠다는 결심을 한 것만도 대단한걸. 가망이 없는 것도 아닌데 벌써 찼어?"

"브랜드는 아무나 돼요?"

"아무나 될 순 없지만 누구나 시도할 수는 있지. 양띵도 처음엔 그렇게 시작한 거잖아. 음, 일단 내가 진짜 뭘 하고 싶은지, 어떤 것에 관심이 있는지를 살펴보면서 시작하면 될 것 같은데."

"그건 또 어떻게 찾는데요?"

"버킷 리스트를 만들어보면 좋아. 죽기 전에 자기가 뭘 하고 싶은지 생각해 보면 진짜 자기가 원하는 게 드러날 테니까. 그 리스트를 보면서 항목의 공통점을 찾아내서 그게 정말 내가 하고 싶어 하는 일인지 다시 생각해 보는 거야. 예를 들어, 리스트에 유럽 자동차 여행, 국내 도보 여행, 경비행기와 바이크 자격증 취득, 스카이다이빙, 안나푸르나 최고봉 등정 등이 있다면 공통점을 레포츠, 여행 같은 동적인 키워드로 정리할 수 있겠지. 그렇다면, 그런 분야의 일을 내가 정말 즐겁게 할 수 있을지 다시 생각해 보면 될 테고."

"안 해 본 것 중에 하고 싶은 걸 적는 것도 좋고, 지금 내가 하고 있는 것 중에서 제일 재미있는 것도 적으면 좋겠네요."

"응, 그것도 좋겠다. 글쓰기, 책 읽기, 노래 부르기, 춤추기, 운동하기 등. 인간이 하고 사는 것들이 정말 많은데 그중에서 진짜 내가 좋아하는 것이 무엇인지, 철저하게 내 마음이 끌리는 것들을 추려내는 거지."

"이런 것도 좋은 것 같아요."

"이런 거? 뭐?"

"상담 말이에요. 나를 잘 아는 사람과 서로 질문하면서 상담하는 거죠. 내가 어떤 성격을 가졌고 뭘 잘하는 사람인지 나 혼자서만 생각하다 보면 이상이나 공상이랑 헷갈릴 수도 있어요. 내가 날 속이거나 놓치는 것이 있을 수 있는 거죠. 홍띵도 혼자서만 너무 생각한 것 같아요. 진즉 나랑 얘기했으면 내가 따끔하게 말해 줬을 텐데."

"그러게. 내가 보는 나랑 다른 사람들이 보는 내가 달라서 다른 사람들의 이야기를 듣다 보면 내가 몰랐던 나의 장단점이나 고민하던 문제의 해결책을 찾기도 하는 것 같아. 충고와 비평은 듣기 불편하겠지만 그게 정말 보석 같은 말일 수도 있고. 상담이라고 해서 거창하게 생각할 필요도 없지. 지금 너랑 내가 하는 것처럼 친구, 선후배, 직장 동료나 상사, 부하 직원, 가족 등 주위 사람들과 만나서 마음을 터놓고 이야기하면 되는 거니까. 어려울 것도 없잖아."

"잠깐, 우리가 친구예요? 선생님하고 나랑? 사제지간이 아니고요?"

"선후배 정도로 할 걸 그랬나? 늙은 친구는 싫어? 내가 너한테 뭘 가르쳐준다고 선생님이니. 너도 그렇게 생각 안 하면서."

"사제지간은 사제지간인데…. 선생님이 선생님이 아니라 내가 선생님일 수도 있죠, 뭐."

"난 인정 못 해. 그래도 한땐 학원 선생님이었잖아."

"너무 먼 옛날 얘길 하시네요."

"어쨌든! 그 문젠 나중에 얘기하자. 이거 봐, 상담은 좋은데 무작정 시작하면 이렇게 삼천포로 빠질 수가 있다니까. 상담 시작하기 전에 먼저, 지금 내가 도움을 요청하고 있다는 사실을 진솔하게 공개해야 해. 그러지 않으면 상대로부터 정직한 대답을 유도하기도 어렵고 이런 잡담으로 빠질 수 있으니까."

"뭐, 그건 그렇네요. 그럼, 미리 질문을 글로 써서 상대방한테 주는 건 어떨까요? 그렇게 질문을 받으면 그 사람이 생각을 정리 정돈하고 말해 줄 수 있잖아요."

"글로 받으면 물론 좋지만 대개는 좀 귀찮아하거나 힘들어해. 생각을 제대로 정리해야 하고, 자기 생각이 부인할 수 없게 계속 남는 거라서 부담스러워할 수가 있지. 그리고 문장으로 정리하려다 보면 정말 솔직한 표현이나 속마음을 걸러낼 수도 있거든.

그래도 서면으로 받아두면 여러모로 도움이 되니까 단념하기보다는 서면으로 답변해 줄 수 있는지 간단하게 말로 답변하는 게 편할지 상담할 대상에게 미리 물어보고 형식을 정하는 게 좋겠네. 상대방이 양해해 준다면 녹음기를 준비해서 녹음해 두는 것도 좋겠지. 형식이 무엇이든 구체적이고 적절한 질문을 하는 게 중요할 거야."

"그럼, 질문은 뭐가 좋을까요? 내 성격, 장단점, 이미지 같은 거?"

"그리고 내가 뭘 잘하는지, 무엇에 흥미를 갖고 있는 것으로 보이는지, 어떤 가치관을 갖고 있는 것으로 보이는지 등. 평소에 나에 대해 알고 싶었던 것들을 질문하는 거지. 질문하는 사람이나 받는 사람에 따라 질문 내용은 정말 다양하겠지? 어떤 질문이 있을지 한번 써볼까?"

둘은 고심하며 질문지를 만들었다.

• 나를 생각하면 곧바로 떠오르는 이미지는 무엇인가?	
• 나의 장점은 무엇인가?	
• 나의 단점은 무엇인가?	
• 나만이 가진 개성은 무엇이라고 생각하는가?	
• 내가 했던 일이나 말 중 가장 인상적이었던 것은 무엇인가?	
• 무엇을 할 때 내가 가장 행복해 보였고, 반대로 가장 불행해 보였는가?	
• 나에게 어울릴만한 직업과 가장 안 어울릴 것 같은 직업은 무엇인가?	
• 내가 개선/보완해야 할 부분은 어떤 것이 있다고 생각하는가?	
• 나에게 해 주고 싶은 솔직한 충고나 조언은 무엇인가?	
• 10년 후, 20년 후의 내 모습은 어떠할 것 같은가?	
• 나를 한 마디로 표현한다면?	

혼자 강해지는 힘, 셀프 리더십

"선생님, 이거 서로 작성해 주는 거 어때요?"

"그래. 재미있겠다. 진지하게 써주기?"

"그럼요. 난 선생님이 써준 거, 우리 엄마한테 가서 읽어줄 거니까 나 욕하시면 안 돼요."

"너야말로."

"아, 그 남자애한테도 네가 이 질문지 작성해서 주면 좋겠네."

"음, 그건 생각 좀 해 보고요. 내가 그런 정성을 들일 가치가 있는가, 내가 먼저 나한테 질문 좀 하고요."

"네, 심사숙고 하십시오~. 아, 근데 걘 블로그나 페이스북, 인스타그램, 트위터 같은 SNS는 안 해?"

"모르겠어요."

"진짜 자기 브랜드를 만들고 싶다면 그런 소셜 미디어가 굉장히 도움이 될 것 같은데. 자기에 대해서 이해를 하고 나면 자기만의 콘텐츠를 만들어서 브랜드를 만들어가야 하는 거니까. 브랜드라는 게, 다른 사람들에게 인정받고 사람들과 공유할 수 있는 자기만의 전문성 있는 콘텐츠가 축적돼야 만들어지는 거잖아. 요새는 그 콘텐츠를 축적하고 사람들이랑 공유할 수 있는 가장 좋은 도구가 소셜 미디어인 것 같아."

"맞아요. 누구나 쉽게 계정을 만들 수 있고 비슷한 사람들끼리 모이기도 쉽고."

"맞아. 근데 무작정 페이지를 만들기부터 하는 건 안 되겠지. 자기가 어떤 브랜드를 만들고 싶은지에 따라 콘셉트를 정하고, 그 콘셉트와 자기 성향에 맞는 매체를 정해야 할 것 같아. 매체에 따라 반응하는 주제, 형식, 연령대 등이 다 다르니까. 또, 그 매체 특성에 맞는 콘텐츠를 어떻게 만들어서 어떻게 소통할 것인지도 계획해야 할 거고. 잠깐 하다 말면 소용이 없으니까 꾸준히 해야 하는데, 그러려면 SNS를 즐겨야 할 거고."

"개설은 누구나 쉽게 할 수 있는데 제대로 하긴 정말 어려운 것 같아요."

"그렇다고 너무 어렵게 생각하진 말고 잘 모르겠으면 전문가나 국내외 사례를 참고하는 것도 좋을 것 같아.

아, 미국 시카고에서 피자 프랜차이즈를 운영하던 사람 얘길 들은 적이 있어. 트위터 초창기에 이 사람이 가게를 홍보하기 위해서 트위터를 사용하기 시작했대. 그랬던 게 대박이 났지. 그런데 대박이 나긴 했는데, 피자 가게가 아니라 그 사람 자체에 대박이 난 거야. 그 주인이 고객들과 소통하는 걸 최우선으로 삼고서 트위터를 운영하다보니 그 과정에서 끈끈한 관계가 생긴 거야. 고객들을 비롯해서 많은 트위터 친구들이랑 공감대를 형성하고 아이디어도 공유하면서 관계를 발전시켰지. 온라인에서 그 주인에게 열광하던 사람들이 가게에 몰려들어서 그 주인과 이야기를 나누고 사진도 찍어가고 그야말로 난리였어. 결국, 주인은 세계적인 유명인사가 됐지. 지금은 피자 가게를 그만두고 트위터 활용 방법에 대해 강연을 하는 인기 강사로 살고 있다고 하더라. 이 사람은 자기 브랜드를 만들기 위해서 SNS를 시작한 건 아니지만, 가게를 홍보하겠다는 목표가 분명했고 그 목표를 위해서는 '소통'과 '관계'가 중요하다는 걸 분명히 알고서 그걸 강화하는 전략으로 트위터를 이용한 거야. 그렇게 목표와 전략이 분명하면 그 콘텐츠가 쌓여서 자기만의 브랜드가 되는 거지.

국내에는 '하상욱'이라는 사람도 있어. 페이스북에 두 줄짜리 시를 올리면서 인기를 얻었어. 지금은 디지털 시집까지 출판하고, 직장인에서 '브랜드 하상욱'이 된 사람이지. 그 사람이 쓰는 시는 우리가 흔히 알고 있는 형태의 시가 아니야. SNS에서 간편하게 읽기 쉽고 확산시키기도 좋은 아주 짧은 길이에, 도시의 일상을 주제로 하거든. 아주 짧은데 반전 있고 재치 있어서 스트레스 받는 출퇴근 시간에 읽기 딱 좋은 거야.

'니/생각에//잠/못이뤄 – 단편시집 '출근' 中'

'늘 고마운/당신인데//바보처럼/짜증내요 – 단편시집 '알람' 中'

'어쩌다/가족이//이렇게/됐을까 – 단편시집 '가족 같은 회사' 中'

같은 식이지. 재밌지? 전자책 서점에서 기획 업무도 하고 웹 디자인 업무도 했던 사람이라 자기 전문성을 잘 살릴 수 있으면서 매체 성격에 딱 맞는 콘텐츠를 SNS에 올린 거지. 그래서 결국 제대로 인정을 받고, 하상욱이라는 브랜드를 만들어서 영화 카피도 만들고 강의도 하고 청소년 멘토도 돼 주는 등 다양한 일을 하고 있어.

자기가 어떤 목표를 가지고 있느냐에 따라 계획과 전략이 달라지겠지."

"역시 어떻게, 뭘 하느냐가 중요한 거라니까. 홍띵 걔는 아무 생각도 없어서는."

"콘텐츠나 자기 스타일은 자기가 고민해서 만들어 가면 돼. 하상욱 씨도 기본적으로 말을 잘하고 아이디어가 좋은 사람이었지만, 자신이 사람들에게 어떤 이미지로 보였으면 좋을지에 대해서 구체적으로 생각해 놓은 게 있었대. 무슨 말을 해도 밉지 않은 유머러스한 사람. 그런 스타일의 사람을 참고하기도 하면서 평소 모습과 콘텐츠를 만들어간 거지.

누구에게나 그 사람만의 개성과 장점이 있으니까 그걸 바탕으로 자신의 스타일과 콘셉트를 정해서 지켜나가면 돼. 다른 사람의 스타일을 무작정 따라할 필요도 없고, 자신의 개성을 폄하할 필요도 없고. 우리는 다 다르기 때문에 각자 자신의 개성에 가장 충실한 콘텐츠를 보여줄 때 다른 사람에게 가장 매력적으로 보일 수 있는 거지. 그래야 나만의 브랜드가 만들어지는 것이기도 하고."

"그러니까 나만의 브랜드를 만든다는 건 이런 거죠. 자기 자신이나 가까운 다른 사람들한테 나에 대한 질문을 하면서 자기를 분석하기. 그다음, 나를 가지고 뭘 할 수 있을지 생각해서 SNS 등에 나만의 스타일로 나만의 콘텐츠 축적하기."

"그렇지."

"홍띵한테 알려줄 게 아니라 내가 해 봐야지. 선생님도 요새 계속 인생 탐구 중이니까 저한테서 질문지 받으면 서영니우스 브랜드 구상해 보세요."

"서영니우스? 너, 내 일지 봤어?!"

"아, 아니요. 그냥 한 말이에요. 선생님도 그런 말을 썼어요? 하하, 신기하네요."

서영은 어색하게 웃는 승지를 밉지 않게 흘겨보다가 생각에 잠겼다. '서영' 하나만으로 누구에게나 통하는 사람이 될 수 있을까. 내가 브랜드가 될 수 있을까.

퍼스널 브랜드, 소문내고 자랑하라!

마음만 먹으면 누구나 쉽게 자신을 전 세계에 알릴 수 있는 시대다. 그래서 모든 사람과 정보를 쉽게 찾을 수 있을 것 같지만 반드시 그렇지는 않다. 드러나지 않거나 숨어 있는 것은 누구도 찾을 겨를이 없어 더 관심에서 멀어진다. 스스로 드러내지 않으면 아예 없는 존재가 되어 버리는 것이다. 더 이상 숨어버린 제갈량에게 삼고초려할 유비는 없다. 자신을 드러내지 않는 것은 미덕이 아니고 누구도 그 뜻을 헤아려 찾아 주지 않는다.

자신만의 재능과 역량으로 구축한 퍼스널 브랜드를 사람들에게 적극적으로 알려야 한다.

퍼스널 브랜드를 홍보할 수 있는 가장 효과적이고 기본적인 수단은 인터넷, 특히 소셜 미디어이다.

개인 홈페이지나 블로그, SNS는 자신만의 전문성이 담긴 콘텐츠를 자유롭게 선보일 수 있는 공간이며 비슷한 관심사를 가진 사람 등 다양한 사람들과 관계를 맺을 수 있는 광장이다. 특히 콘텐츠 확산성, 비용,

시공간의 제약 문제에서 탁월한 장점을 지닌다.

  개인은 가용할 수 있는 기존 광고 자원이 많지 않은데 소셜 미디어 등을 통해 매우 저렴하게 자신만의 홍보 공간을 개설할 수 있다. 일단 개설을 하고 나면 소셜 미디어는 서로 연동되어 있어 전방위적으로 콘텐츠를 홍보할 수 있다. 유튜브에 업로드한 동영상을 트위터와 페이스북에서 공유하며 그를 다시 블로그에서 콘텐츠 소스로 재활용하는 등 콘텐츠를 자유롭게 확산시킬 수 있는 것이다. 그렇게 업로드하고 공유한 콘텐츠는 모바일 기기를 통해 인터넷에 접속한 사람들이 언제 어디서나 열람할 수 있어서 시간과 공간에 구애받지 않고 자신의 브랜드를 노출할 수 있다.

  개인의 상황에 따라 다르지만 일반적으로 T.G.I.F가 인터넷 커뮤니케이션 도구로 중요하게 거론된다. T.G.I.F는 트위터(Twitter), 구글(Google), 아이폰(I-Phone), 페이스북(Facebook)을 뜻하는 것으로 포함되는 매체들은 오늘날 인터넷 환경의 특성을 집약한 것들이다. 아이폰은 세계적으로 가장 널리 쓰이는 스마트폰이며, 페이스북과 트위터는 가장 많이 쓰이는 SNS, 구글은 가장 많이 쓰이는 검색엔진이다. 아이폰 열람과 검색에 최적화된 형태의 콘텐츠를 트위터와 페이스북에 게재하고 구글 검색 페이지 상위에 노출되도록 구성하는 것이 브랜드 홍보의 기본인 것이다.

자신이 개설한 홈페이지나 SNS 페이지에 사람들의 관심을 꾸준히 붙들어두기 위해서는 콘텐츠 업로드만으로는 안 된다.

홈페이지의 경우, 일주일에 한 번씩 메인 화면에 변화를 주어야 한다. 배너나 이미지 등 어느 하나라도 변화를 주어야 방문하는 사람이 흥미를 갖고 지속적으로 찾는다.

SNS에 업로드하는 콘텐츠는 개인의 목표와 퍼스널 브랜드의 특징, 주 구독층의 특성, 모바일 기기 열람을 고려해 효과적으로 구성해야 한다. 텍스트는 반전이나 위트가 있는 스토리텔링으로 짧게 작성하되 퀴즈와 리스트(list) 등 호기심을 끄는 형태여야 한다. 이미지는 모바일 환경에서 열람하기 좋도록 정보를 시각화한 것이어야 한다. 콘텐츠 전반에 개인의 인간미가 드러나 구독자들과의 관계가 강화될 수 있어야 한다. 콘텐츠를 업로드하는 시간도 중요하다. 하루에 1~2개씩 정기적으로 콘텐츠를 업로드 해야 하는데, 구독자들의 SNS 활동 시간을 고려해 업로드 시간을 계획해야 한다.

자신만의 매체를 통해 자신의 브랜드를 홍보하는 것도 좋지만 특정 매체에 자신의 콘텐츠를 정기적으로 기고하는 것도 좋다. 자신의 브랜드 특성과 관련성이 높은 매체에서 칼럼니스트로 활동하는 것이다. 전문성을 인정받고 자신의 브랜드를 점진적으로 홍보할 수 있으며, 관련 분야의 트렌드와 소비자의 욕구를 보다 더 전문적으로 파악해 반영할 수 있다. 매체의 편집장 등 해당 분야 전문가, 관계자들과 네트워크를 형성할 수 있어 역시 홍보에 큰 도움이 된다.

칼럼니스트가 되기 위한 정해진 방법이 있는 것은 아니다. 누구나 될 수 있지만 원하는 모두가 될 수는 없다. 일반 기업 공채처럼 정기적인 모집을 하는 경우는 거의 없고 관련 온·오프라인 커뮤니티와 관계자의 평가 등을 바탕으로 해당 매체의 성격에 맞는 외부 필자를 선정하는 경우가 대부분이다. 필자로 선정되기 위해서는 해당 분야에 대한 확실한 전문성과 탄탄한 글솜씨가 있어야 하고, 관련 경력과 일정 정도의 인지도가 있으면 더욱 좋다. 개인 홈페이지, SNS 등은 물론 관련 커뮤니티 게시판 등 온라인 공간에서 활발히 활동하면 칼럼니스트로서 적절한 조건을 쌓는 데에 도움이 된다.

다양한 방법을 통해 자신의 콘텐츠가 축적되면 그를 묶어 전문서를 발간하는 것도 좋다. 전문가로서 퍼스널 브랜드를 확고히 할 수 있고 더 대중적으로 브랜드를 알릴 수 있다. 온·오프라인에서의 다양한 활동이 책 발간과 선순환을 이뤄 브랜드 파워를 높이는 데에 도움이 된다.

첨단 수단을 고민하기 전에 브랜드 홍보의 기초가 되는 것은 슬로건이다. 슬로건은 특정 사람이 어떤 사람인지 명료하게 정의하고 다른 사람들에게 그를 이해시키는 문장이나 문구다. 대중의 마음을 움직일 목적으로 만든다. 슬로건이 설명하는 당사자가 만들 수도 있고 다른 사람이 붙여주기도 한다. 슬로건은 다른 사람이 나를 만나는 가장 첫 관문으로 나에 대한 인상과 선입견을 만들고 나와의 관계에 대한 그다음 행동을 결정짓게 한다.

슬로건이 만들어진 이후에는 수시로 슬로건을 통해 자신의 목표를 점검할 수 있으므로 슬로건은 지속적으로 홍보의 방향을 잡아주는 역할도 한다. 그러므로 슬로건을 효과적으로 만들고 적절히 노출해야 자신의 브랜드를 긍정적인 이미지로 더 널리 전파할 수 있다.

"우리는 어제보다 아름다워지려는 사람을 돕습니다."

— 구본형 변화경영연구소의 슬로건

"See you at the TOP! Passion for Clients! Drive for Excellence!"

— 자기경영전문가 공병호 박사의 슬로건

슬로건을 통해 각자의 정체성과 브랜드를 쉽게 알 수 있다. 이처럼 슬로건은 쉬운 내용, 단순하고 단정적인 표현으로 이뤄져야 한다. 그래야 사람들의 마음을 움직일 수 있다. 내가 무엇을 위해 살고 있고 무엇을 생각하는 어떤 사람인지, 단순하고 강렬한 한 줄의 문장으로 표현하자. 자신의 브랜드를 강렬하게 각인시키고 더 많은 사람이 기억하게 할 한 줄의 문장을 만들자. 그리고 그 슬로건을 적절히 노출하자. 이메일을 작성할 때 내용 끝에 넣거나 명함 등 각종 인쇄물에 넣을 수도 있다.

또한 홈페이지와 SNS 메인 페이지에 눈에 띄게 배치할 수도 있다.

 슬로건과 더불어 명함도 잊지 말아야 할 홍보의 기본이다. 명함은 사람들과 대면할 때 자신에 대해 가장 먼저 제공하는 정보이므로 적절한 구성에 신경 써야 한다. 슬로건을 넣거나 브랜드를 시각화해 디자인할 수 있고, 재질도 다양하게 고민해 보면 좋다.

 처음 만나는 사람들뿐만 아니라 주위 사람들에게도 브랜드를 최대한 많이, 자연스럽게 노출해야 한다. 가족과 친척, 친구와 이웃, 회사 동료와 선후배 등의 사람들에게 자신의 브랜드를 수시로 언급해 줄 필요가 있다.

 이때 직접 언급하기보다는 자신의 브랜드와 관련된 정보를 언급하거나 그와 관련된 사람에 대해 언급하는 것이 좋다. 일하고 있는 업계와 관련된 최신 뉴스와 소셜 미디어 또는 블로그 콘텐츠에 대해서 코멘트하는 것이 효과적이다. 가끔은 특별한 이야기로 자신을 강하게 각인시킬 수도 있다. 하지만 자신의 이야기만 늘어놓거나 지나치게 편향된 의견을 말하는 것은 피해야 한다. 객관적 전문성과 함께 겸손함을 유지해야 사람들이 귀 기울인다.

 가장 기본적인 것부터 트렌드를 고려한 도구까지, 자신의 브랜드를 홍보할 수 있는 여러 방법을 효과적으로 이용해야 한다. 알리고 자랑하라. 당신의 브랜드를 알게 되기를 모두가 기다리고 있다.

Best One Only One, Your Brand!
서영과 지민, 팀 블로그를 만들다

퍼스널 브랜딩은 많은 오해를 받는다. 자기 PR의 개념으로 생각하여 남들보다 더 멋진 옷차림이나 메이크업, 매너 등과 그를 위한 노력이 퍼스널 브랜딩의 전부인 것처럼 생각하는 경우가 많다. 제품의 브랜드 마케팅에서 포장이나 디스플레이가 중요한 것처럼 자신이 가진 것을 포장하고 가꾸는 PR도 퍼스널 브랜딩의 중요한 한 부분이다. 하지만 퍼스널 브랜딩의 본질은 나의 경쟁력, 즉 나의 능력과 자산이다. 나의 이상을 실현할 수 있도록, 나의 정체성을 찾아 자신을 개발하고 경쟁력을 키우는 일이 퍼스널 브랜딩이다. 단순한 마케팅 수단이나 처세 방법이 아니라 나만의 삶을 만드는 일인 것이다. 'Best One Only One'이 바로 퍼스널 브랜딩의 목표이며 역할이자 우리 모두의 본분이다.

서영과 지민은 팀 블로그를 만들었다.

둘 다 각자의 목표를 위해 콘텐츠를 축적하고 사람들과의 관계도 넓힐 수 있는 공간이나 매개가 필요하다고 생각해 오던 차였다. 우연히 서로 같은 생각임을 안 후, 혼자보단 둘이 하면 더 재미있고 시너지가 나지 않을까 해서 공동 블로그를 개설한 것이다.

서영은 고민을 겪는 남녀노소 모두의 이야기를 귀하게 듣고 그들에게 도움되는 사람이 되고 싶었다. 승지가 작성해서 돌려준 질문지와 자신이 쓴 일지를 통해 그것에 적성과 소질이 있다는 결론을 내렸다. 구체적인 직업을 결정하지는 못했고 10년 뒤 자신의 모습이 어떨지 어때야 할지 아직은 모르겠지만 일단 자신이 잘할 수 있는 것을 바탕으로 '잘 듣는 일'을 하자고 결심했다. 어르신, 아이들과 함께 서로 책을 읽어주고 이야기를 나누는 모임을 만들었다. 모임은 재미있었다. 즐겁고 보람 있는 활동을 하다 보니 과외와 논술지도 등의 생계일도 괴롭지 않았고 신선한 마음으로 임할 수 있었다. 서영은 그런 활동의 기록과 함께 그와 관련된 자신만의 콘텐츠를 쌓아둬야겠다고 생각했다. 한편, 지민은 드라마 리뷰와 작법, 교육원 과제들을 정리해 둘 공간이 필요했다.

둘의 이해가 맞아 블로그 〈Drama Your Life〉가 탄생했다. 서영은 주변 사람들의 동의를 받아 그들의 고민이나 다양한 이야기를 올리고 그 실마리를 책과 드라마, 영화 등에서 찾아 보여주는 콘텐츠를 만들었다. 이틀에 한 번 꼴로 업로드를 했고 주말에는 한 주의 콘텐츠를 모아 동영상으로 편집해 올렸다. 지민은 매일 드라마 리뷰를, 이틀에 한 번 꼴로 작법 관련 자료와 아이디어 메모를, 주말에는 과제를 올렸다.

　서영과 지민의 개인 슬로건은 각각 '모두의 인생은 드라마다'와 '드라마가 만든 내가 드라마를 만든다'였다. 사소하고 대수롭지 않은 듯 보이지만 각자에겐 힘들고 무거운 삶, 모든 인생은 귀한 대접을 받아야 한다는 서영의 생각을 슬로건에 반영했고, 지민은 모두를 울리고 웃기는 최고의 드라마 작가가 되겠다는 비전을 슬로건에 담았다. 각자의 닉네임은 '서브남주', '전지적 시점'이었다. 서영은 드라마의 서브 남자 주인공과 같은 조력자의 정체성을 드러냈고, 지민은 드라마를 분석하고 창조하는 작가의 정체성을 보여주었다.

　둘은 아직 브랜드가 완성되지 않았고 불투명한 전망을 갖고 있지만, 지금 각자가 가장 좋아하는 것을 각자가 할 수 있는 방법으로 수행하고 있다. 그 분야에서만큼은 그 누구도 할 수 없는 것을 그 누구보다 잘해내는 사람이 되기 위한 과정에 들어섰다.

"서브남주님, 어설픈 리더 흉내는 접어두시죠. 그냥 선생님 강점에 집중하세요. 대부분 자기 약점을 극복하는 방향으로 집중하는 경향이 있는데 말이죠. 우리 피터 드러커님께서는 이렇게 말씀하셨어요. '최고의 전략은 자신의 강점에 집중하는 것이다!' 내가 남들보다 뛰어난 능력을 활용할 수 있는 분야를 찾아내는 것이 최고의 전략이라는 거죠. 선생님이 잘하는 것에 집중하세요. 선생님 공감 능력은 단연코 최고거든요? 어딘가로 이끌려고 하지 말고 하시던 대로 공감하고 이해해 주시라고요. 그렇게 한 포스팅이 더 반응이 좋잖아요."

승지가 서영의 블로그 콘텐츠를 모니터하며 말했다.

"나도 승지 말에 동의! 자기만의 브랜드를 만든다고 할 때, 사용할 수 있는 자산은 세 가지로 요약할 수 있어. 지식 자산, 감성 자산, 고객 자산으로 말이지.

첫째, 지식 자산은 업무적 능력을 의미해. 그 자산을 이용해서, 내 분야에서 내가 아니면 할 수 없는 영역을 만들면 나의 브랜드 가치는 최고로 높아질 수 있는 거지. 서영이 너는 국어과 교육 경험과 능력을 갖추고 있으면서 비공인이긴 하지만 뛰어난 상담 능력도 갖추고 있어. 그 지식 자산을 함께 잘 발전시키면 새로운 분야를 개척할 수도 있겠지.

둘째, 감성 자산은 시대의 트렌드를 따라잡는 고유의 감성적 능력을 말하는데, 보통 직관이나 직감이 뛰어나면 훌륭한 감성 자산을 갖고 있다고 할 수 있지. 서영이 너는 직관이 있어. 우선, 요즘 사람들이 단순히 자기 얘기를 하는 걸 넘어서 누군가가 자기 얘길 들어주고 특별하게 다뤄주길 바라는 마음을 이해하잖아. 그리고 그 욕구를 가장 효과적으로 반영한 매체가 무엇이고 그 매체를 어떻게 운영해야 할지도 알잖아. 넌 훌륭한 직관을 가지고 있다고 생각해. 역시 잘 발달시키면 네가 원하는 일을 더 구체화시키고 더 잘 해 나갈 수 있을 거야.

셋째, 고객 자산은 지속적 관계를 맺고 있는 고객이나 커뮤니티를 말하는데, 단순히 서로 알고 있는 정도의 사람이 아니라 나의 좋은 점에 대해 알고 홍보해 줄 수 있는 사람을 뜻해. 서영이 너는 지금껏 네가 가르친 아이들, 상담 워크숍에서 만난 사람들, 모임에서 만난 사람들이 있잖아. 나랑 승지도 있고. 네가 원하는 일을 해 나가는 데에 모두 든든한 자산이 돼 줄 사람들이지.

승지 말대로 너는 훌륭한 강점을 가지고 있고, 너만의 브랜드를 만들어 갈 수 있는 자산도 풍부해. 그러니까 약점보다는 네가 가진 강점과 자산을 더 발전시킬 수 있도록 집중하는 게 좋지 않겠어?"

"와, 역시 지민 씨예요! 칭찬도 이렇게 체계적으로 해 주시고!"

서영이 멋쩍게 웃으며 지민을 바라보자 지민은 작게 한숨을 쉬며 말했다.

"나야말로 문제야. 포지셔닝이 명확해야 하는데 난 그렇지가 않거든. 같은 분야의 여러 사람 사이에서 딱 차별화돼서 다른 사람들 인식 속에 특별하게 자리매김해야 하는데 말이지. 사람들이 내 이름을 들었을 때 명확한 어떤 생각이 들까? 드라마 작가 지망생은 넘

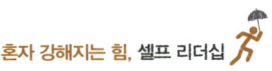

쳐나고 드라마 리뷰어들은 더 넘쳐나는데, 습작 중인 대본이나 리뷰는 다른 사람들이 한 것과 비슷비슷하고 특별한 개성이 보이지도 않고. 교육원에서도 난 결석을 해도 대부분 모르고 지나갈 거야. 아직 드라마 작가는 아니지만 준비하는 과정에서도 내 개성이 확연하게 드러나야 나중에 작가가 되어서도 최초든지 최고든지 어떤 분명한 포지션을 가질 수 있을 텐데."

"조바심이나 스트레스에 너무 시달리지 않아도 될 것 같은데. 네 말대로 너는 지금 준비하는 중이고 기본을 다지고 있는 중이잖아. 지금 당장 반짝 인정받고 큰 성취감을 느끼는 것도 나쁘진 않지만, 나중에 연륜이 쌓인 후에야 진짜 네 실력으로 승부할 기회가 오는 것이고 그때 진짜 너의 가치를 입증해 보일 수 있는 거니까. 지금 배우는 과정에서 뭔가를 입증해 보인다는 것이 얼마나 허약하고 위험한 일이니. 그러니까 당장의 일보다는 진짜 중요한 일을 생각해.

며칠 전에 네 리뷰를 엮어서 책을 내주겠다고 접근해서 헛소리만 잔뜩 늘어놓던 그런 사람들도 무시하고. 당장 기회를 얻는 것보다 진짜 네 가치를 이해하고 발휘할 수 있도록 해 줄 진짜 중요한 기회를 기다리면서 칼을 가는 거야. 해야 할 일과 하지 말아야 할 일을 분리해서 중요한 일들에만 집중하면서 말이야."

"맞아요. 지민 씨 스스로 나는 진짜 나에게 걸맞은 기회를 잡는다, 나는 반드시 드라마 작가가 된다, 이렇게 긍정적 예언을 해 보세요. 그럼, 진짜 이뤄져요. 과학적으로 효과가 입증된 거예요! 피그말리온 효과라는 거 아시죠? 마음속에서 굳게 믿으면 정말 그렇게 행동하게 되고 결국 자신의 기대대로 상황을 변하게 만든다는 거죠. 그런 긍정적인 자기실현의 예언은 허무맹랑한 공상이 아니라 자기충족적 예언이라고 한다고요. 결과에 가장 큰 영향을 주는 요소죠!"

"그래, 그럴게. 고마워."

"저는 사실을 말씀드린 거니까, 저한테 고마워하실 필요는 없어요. 어쨌든 서영 선생님이랑 지민 씨는 똑똑하니까 전 걱정 많이는 안 해요. 요즘같이 정신없이 돌아가는 세상에서 내 이름을 브랜드로 만들려면 변화를 즉각적으로 수용하고 즐겨야 하잖아요?

우리 엄마가 피터 드러커 다음으로 좋아하는 찰스 다윈님이 말씀하셨듯이 살아남는 것은 강한 종이 아니라 변화에 적응하는 종이라잖아요. 시대의 변화를 예측하고 변화의 방향과 속도를 딱딱 파악해서, 기회를 딱딱 포착하고, 시장을 딱~! 선점해야 한단 말이죠. 그런데 선생님이랑 지민 씨는 그런 점에서 똑똑한 것 같아요. 뭐, 누군가는 현실성 없는 백수다, 배부른 줄 모르는 문학소녀, 그렇게 말할지 모르지만 그건 아무것도 모르는 소리죠. 시대가 더 빨라지고 각박해질수록 사람들은 서로 연결되기를 원할 거예요. 다른 것이 다 변하니까 기술로 대체할 수 없는 창조력이 진짜 권력을 갖게 될 거고요. 선생님이랑 지민 씨는 시대의 흐름을 완전 잘 이해하고 있는 똑똑한 사람들이라고요. 남들이 다 비슷비슷한 일을 하고 비슷비슷한 꿈을 꿀 때 선생님이랑 지민 씨는 이렇게 노력을 했으니까 결국 두 분이 Best One Only One이 될 거예요."

당돌한 승지의 단호한 칭찬에 서영과 지민은 웃음을 터뜨렸다.

서영은 사실 이미 느끼고 있었다. 모임을 시작하고 콘텐츠를 만들어 나가면서 스스로 강해지는 것을 느끼고 있었던 것이다.

우선 서영이 자신을 믿을 수 있게 됐고 다른 사람들도 서영을 신임하는 것이 느껴졌다. 서영의 행동과 말을 지켜봐 온 사람들은 서영이 어떤 사람인지, 무엇을 하는 사람인지, 믿을 만한 사람인지, 일은 잘하는지 등을 따로따로 조목조목 따지지 않고 서영의 자체를 그냥 믿어주었다. 서영의 행위 전체에 믿음이 생긴 것이다.

서영 스스로 정체성을 정리할 수도 있게 되었다. 세상의 말을 듣고 세상에 도움이 되는 사람. 그것이 서영이 생각한 자신의 정체성이었다. 이것은 서영의 삶의 이유이자 목적으로 기능하게 되었다.

경쟁력도 높아진 것 같았다. 사람들과 만나고 그들의 이야기를 들으며 그를 콘텐츠로 만드는 일이 서영의 강점이 되었고 나날이 그 능력이 발전해가는 것을 느낄 수 있었다. 그래서 결국 이전보다 자신의 가치를 더 높이 평가할 수 있게 되었다. 자신뿐만 아니라 다른 사람들도 서영에 대한 평가가 더 높아졌음을 느꼈다.

서영은 앞으로 자신의 브랜드가 어떻게 발전해 나갈지, 자신이 얼마나 더 강해질지 기대로 두근거렸다.

퍼스널 브랜딩은 특별한 몇몇만 할 수 있는 것이 아니라 우리 모두 할 수 있는 일이고, 자기 자신으로서 살고 싶은 사람이라면 누구나 해야 하는 일이다.

자신의 강점에 집중하고 자산을 발전시키며, 당장의 급한 일보다 중요한 일에 매진하고, 시대 변화에 즉각적으로 대응하는 전략을 통해 성공적인 퍼스널 브랜딩을 할 수 있다. 성공적인 퍼스널 브랜딩은 신뢰, 정체성, 경쟁력을 높이고 결국 그 사람의 가치를 높인다.

전략적인 퍼스널 브랜딩은 사람들이 각자 자신의 인생을 저버리지 않고 제대로 누릴 수 있도록 한다. Best One Only One, 우리는 모두 애초에 그 자질을 타고났고 퍼스널 브랜딩은 그 자질을 드러내 주는 중요한 도구다.

〈직장인의 성공적 퍼스널 브랜딩 핵심전략 5원칙〉

1. 스스로가 인정할 수 있는 사람이 되자
차별화된 가치 포인트로 회사가 나의 가치를 필요로 하게 만들자!

2. 자신만의 명확한 목표를 세우고 실천하며 살자
회사에서는 중장기 목표를 세우고 내년도 사업계획을 세울 때 당신만의 단기/중장기 계획을 세워라! 회사에서의 전문성을 살릴 수 있는 장기적 목표를 세워라. 그래야 은퇴 후에도 걱정 없고 현재 회사생활도 열심히 할 수 있다.

3. 프리랜서처럼 사고하고 행동하자
프리랜서는 회사와 동등한 입장에서 일을 한다. 불만 대신 제안을 하고 맡은 일에 대해서는 프로정신을 가지고 일을 한다. 자신의 힘을 기르기 위해 피나는 노력을 한다. 건강한 긴장감과 중압감, 책임감을 갖자!

4. 지식 혹은 고객 네트워크를 확보하자
자신의 브랜드를 구매할 고객을 미리 확보해야 하는데 그 1차 대상은 우리 바로 옆에 있는 직장 동료다. 직장 동료를 잠재적 고객으로 생각하라. 미래를 위해서도 좋고, 현재 직장 생활에도 더 적극적으로 임할 수 있게 될 것이다.

5. 지속적이고 장기적인 개인 마케팅 도구를 마련하자
직장 안에서 자신이 어떤 사람이고 무엇을 잘하는지 알릴 수 있는 수단을 갖고 자신을 알리는 연습을 해야 한다. 자기만의 블로그나 홈페이지, SNS를 운영하는 것이 좋다.

나는 힘과 자신감을 찾아
항상 바깥으로 눈을 돌렸지만,
자신감은 내면에서 온다.
자신감은 항상 그곳에 있다.

– 안나 프로이트, 정신분석가

혼 자 강 해 지 는 힘
SELF LEADERSHIP

제4부

나에게로 기수를 돌려라!

나에게로 기수를 돌려라, 셀프 코칭!

15세기경, 헝가리의 코치(Kocs)라는 지역에서 네 마리의 말이 끄는 마차가 발명되었다. 코치에서 생산된 마차는 매우 호화로워 귀족들에게 큰 인기를 끌었고 생산된 지역명을 따서 '코치'로 불렸다. 이후 생산지가 어디든 호화로운 고급 마차를 모두 코치라고 부르게 되었고, 나중에는 코치를 모는 마부도 코치라고 불렀다.

1800년대에 이르러 코치는 스포츠 분야에서 새롭게 불리기 시작했다. 운동선수를 지도하는 사람의 중요성이 대두하면서 그를 지칭할 용어가 필요했는데, 마차와 마부를 이르던 말이 눈에 띄었다. 출발지에서 원하는 도착 지점까지 고객을 실어 나르는 마차와 그 길을 이끄는 마부는 지도와 인도의 의미를 내포하고 있었다. 그에 착안해 코치는 지도자를 뜻하는 용어로 사용되었고, 선수와 팀의 경기력 향상에 중요한 역할을 하는 사람으로 인식되었다.

1980년대 초, 코치라는 용어는 일상생활에서도 사용되었다. 그 시작은 한 재무설계사 토마스 레너드(Thomas J. Leonard)라는 사람이었다. 레너드는 재무컨설팅을 하면서 고객들이 어떤 차를 언제 구입하는 것이 좋은지, 몇 명의 아이를 가질 것인지, 어디로 휴가를 가는 것이 좋은지, 언제 은퇴하여 어떤 삶을 누릴 것인지 등의 문제를 해결하는 데 도움을 주는 역할을 했다. 그에게 컨설팅을 받던 한 고객이 자신과 레너드와의 관계가 마치 코치와 선수 간의 관계와 유사하다고 생각했다. 그리고 그와 같은 역할을 하는 사람을 '코치'라고 부르자고 제안했고, 비로소 현대적 의미의 코치가 되었다.

21세기, 코칭은 여전히 중요한 역할을 하면서 다시 새로운 의미를 얻는다. 누군가에게 코치를 받듯 내가 나를 코치하는 셀프 코칭의 시대가 시작된 것이다.

셀프 코칭이란 말 그대로 스스로(self)를 가르치는(coaching) 것으로, 자신과의 대화를 통해 스스로 목표를 세우고 달성하기 위한 방법을 찾아가는 것을 뜻한다. 셀프 코칭의 목표는 자신의 잠재력과 강점을 실현하고 변화를 주도적으로 이끌어 문제를 해결하는 능동적인 인재로 성장하는 것이다.

셀프 코칭은 코칭의 기본 철학을 따른다. 누구나 한번은 무심코 던진 친구의 말 한마디나 책의 한 구절에서 실마리를 얻어 몇 날을 고민하던 문제가 풀렸던 경험이 있을 것이다. 자신의 시각에만 고착되어 있던 문제가 다른 시각에서 해결의 가능성을 찾은 경우다. 코칭도 이와 같은 이치다. 파트너가 경청해 주고 적절한 질문을 통해 다양한 시각을 열어

주는 가운데 자신이 스스로를 탐색하며 정리해 나갈 때 더 창조적인 해결책을 찾을 수 있다. 사람은 누구나 가능성과 잠재 능력을 갖추고 있고 자신이 원하는 것을 찾고 있는데, 코치와 함께 이를 더 쉽고 빨리 찾을 수 있다는 것이다. 셀프 코칭에서는 그 파트너가 바로 자신이며, 내가 나를 코치한다. 가장 훌륭한 조언가는 바로 자신이다.

자신이 자신의 코치가 되어 자신을 위한 질문을 해 보는 것은 셀프 코칭의 핵심이다. 스스로에게 질문을 한 뒤 생각을 정리하고 자신의 가치를 재정립해 문제의 원인과 해결책을 찾아내는 것이다. 모범적인 질문 절차를 따르면 생각을 진전시키는 데에 도움이 된다.

Who am I? (Why am I?)
먼저 내가 누구인지, 왜 존재하는지에 대해 생각하면서 나의 정체성을 생각해 본다.

Where am I?
내가 어떤 면에서 변화가 일어나기를 바라고 만족하지 못하는가를 생각해 본다.

Where to go?
나 자신이 진정 지향하고 싶은 곳이 어디인가를 생각해 본다.

What stops me?
무엇이 나를 가로막고 있는가를 생각해 본다.

How to get there?
어떻게 하면 내가 지향하는 곳에 도달할 수 있는가를 생각해 본다.

이 절차대로 자신에게 질문을 시작해 자신을 이해한 뒤, 문제 상황에 대해 자신과 대화를 한다. 그리고 스스로 해결책을 찾아내야 한다.

이때 자신과의 코칭 대화는 일반적인 대화와 명확히 다른 몇 가지 특성을 가지고 이뤄져야 한다.

첫째, 성장과 성과향상이라는 두 축을 항상 염두에 두고 있다.

둘째, 구조화된 대화다. 구조와 방향성을 가지고 있는 대화로 성과에 직접 영향을 미친다.

셋째, 핵심 대화기술인 경청과 질문, 인정과 칭찬이 잘 조화된 커뮤니케이션의 예술이다.

이 특성을 바탕으로 한 효과적인 코칭 대화 모델을 이해하면 도움이 된다.

셀프 코칭에서 가장 많이 쓰이는 방법은 GROW 모델이다. GROW는 목표 정하기(Goal), 현실 파악(Reality), 대안 탐색(Option), 실천의지 확인(Will)의 머리글자를 나타내는 코칭모델로 네 가지를 순서대로 질문하는 것이 중요하다.

▶ **목표 정하기(Goal)**

자신의 목표가 무엇인지 스스로 질문한다. 그리고 자신에게 그 목표가 어떤 의미를 가지고 있으며, 왜 중요한지에 대해 질문하고 대답한다.

▶ 현실 파악(Reality)

내가 정한 목표가 어느 정도 현실성이 있는가를 탐색한다. 정말 중요함에도 불구하고 시간 내에 실현시킬 수 없는 문제라고 판단하면 기간을 늘려 잡든지 방법을 다르게 할 수 없는지를 스스로에게 묻고 답하기를 계속한다.

▶ 대안 탐색(Option)

목표가 정해지고 현실이 파악되면 구체적인 목표를 이루는 방법을 결정한다. 어떤 방법을 동원하고 누구에게 지원을 요청하며, 시간관리는 어떻게 하고, 그 결과에 대해서는 어떤 평가를 할 것인지 생각한다.

▶ 실천의지 확인(Will)

목표를 위해 세운 실천계획들을 잘 지키고 있는지, 지켜지지 않았다면 그 원인은 무엇이고 해결방안은 있는지, 이룬 결과를 한마디로 표현한다면 어떤 것인지, 방해되는 것이 있다면 그것은 무엇이고 해결방안은 어떤 것이 있는지 등을 확인한다.

자신에 대한 질문에서 시작해 자신과의 대화로 이뤄지는 셀프 코칭은 위기를 도약대로 바꿔준다. 골치 아픈 장애물이라고 생각했던 벽이 딛고 올라설 수 있는 도약대가 되는 것이다. 내 안에 숨은 잠재력을 발휘하고 싶을 때, 승진을 했는데도 하던 일만 하고 있을 때, 큰 성공을 거둔 이후 부담감이 밀려올 때, 성과를 내지 못하거나 원하던 결과와 멀어졌을 때 등 인생이 큰 벽에 가로막힌 듯 느껴질 때 셀프 코칭은 큰 도움이 된다.

이때 긍정적인 마음을 가지면 셀프 코칭 기술을 더 효과적으로 발휘할 수 있다.

부정적인 상황에서 긍정적인 마음을 가지는 것은 쉽지 않다. 부정적인 대화를 막고 긍정적인 선택으로 이끄는 대화 기법인 ABCDE 기법을 이용하면 태도를 바꾸는 데에 도움이 된다.

사건 혹은 역경(Adversity)이 일어나면, 자동적으로 왜곡된 신념(Beliefs)을 떠올리고, 이에 따라 잘못된 결론(Consequences)을 내리게 된다. 그러나 그 신념과 결론이 정말 옳은 것일까를 반박(Disputation)하면서 다시 한 번 생각해 본다면 내게 긍정적이고 활력(Energization)을 줄 수 있는 생각이나 행동들을 선택할 수 있게 되는 것이다.

가정해 보자. 중요한 프레젠테이션을 하는 날이다. 한 달 동안 거의 매일 야근을 하며 열심히 준비했다. 하지만, 경쟁에서 밀릴까 불안해 너무 긴장하는 바람에 큰 실수를 하고 발표를 망쳤다. 너무나 허탈하고, 깊은 자괴감이 든다. 숨어버리고 싶다.

사건 (Adversity)	열심히 준비한 발표를 망쳤다.
왜곡된 신념 (Beliefs)	"내 능력을 보여줄 수 있는 기회였는데 내가 다 망쳤어. 나는 쓸모없고 무능력한 인간이야. 다들 나를 그렇게 생각할 것이고, 그건 사실이야."
잘못된 결론 (Consequences)	나를 책망하며 의욕과 자신감을 잃는다. 발표를 겁내며 피하게 된다.
반박 (Disputation)	"이번에 큰 실수를 했지만 지금까지 다른 업무들은 잘 해왔잖아. 내가 정말 쓸모없고 무능력하다면 내가 성공해온 다른 일들은 어떻게 설명할 수 있겠어. 많은 기회 중에 한 번을 실수한 것뿐이야. 어떻게 한 번의 실수가 내 전부를 규정할 수 있겠어?"
활력 얻기 (Energization)	"그래, 난 무능력하지 않아. 내 취약점을 알았으니 앞으로 어떻게 하면 될지 알게 돼서 오히려 더 잘 됐어. 잘할 수 있어. 나는 나를 극복하고 목표를 성취할 수 있는 사람이야. 스스로를 믿을 만한 충분한 가치가 있어."

고대 철학자 에픽테토스(Epictetus)는 인간은 현상이 아니라 현상에 대한 자신의 생각 때문에 불안해진다고 하였다. 심리학자 앨버트 엘리스(Albert Ellis) 또한 불안은 원인이 되는 상황 자체보다는 그 상황을 받아들이는 방식 때문에 생긴다고 말했다. 즉 일어난 상황을 받아들이는 방식을 바꾸면 불안에서 벗어날 수 있는 것이다. 방식을 바꾸는 것은 자신과의 효과적인 대화를 통해 가능하고, ABCDE 기법이 그 효과적인 대화 방법이 될 수 있다.

> 가지를 잘 쳐주고 받침대로 받쳐 준 나무는 곧게 잘 자라지만, 내버려 둔 나무는 아무렇게나 자란다. 사람도 이와 마찬가지여서 남이 자신의 잘못을 지적해 주는 말을 잘 듣고 고치는 사람은 그만큼 발전한다.
>
> – 공자

받침대의 역할을 해 주는 것이 바로 코칭이다. 예나 지금이나 훌륭한 코칭은 삶에 매우 큰 역할을 한다. 개인의 경쟁력이 중요해진 오늘날에는 다른 누군가에게 기대하기보다 스스로를 코치할 줄 아는 능력이 특히 중요하다.

자신과의 대화를 통해 자신을 이해하고, 부정적인 신념을 버리고 긍정적인 선택을 하도록 돕는 기술이 셀프 코칭이다. 셀프 코칭을 통해 잠재력을 꺼내 스스로의 가치를 향상시키고 비전으로 가는 바른 길을 찾을 수 있다. 셀프 코칭을 통해 내가 나를 받치고 내가 나를 인도해, 내 삶을 이끄는 셀프 리더가 되자.

삶을 바꾸는 제2의 천성, 습관!

윤리를 뜻하는 에토스(ethos)는 희랍어로는 '이것'을 뜻한다.

파스칼은 제2의 천성인 '이것'이 제1의 천성을 파괴한다고 말했다.

아리스토텔레스는 사람은 반복적으로 행하는 것에 따라 판명된 존재이므로 우수성이란 행동이 아니라 바로 '이것'이라고 말했다.

심리학자 윌리엄 제임스(William James)는 사고가 바뀌면 행동이 바뀌고 행동이 바뀌면 '이것'이 바뀌고 '이것'이 바뀌면 성격이 바뀌고 성격이 바뀌면 운명이 바뀐다고 말했다.

운명을 바꾸는 반복된 행동이자 제2의 천성인 '이것'은 무엇일까?

바로 습관이다.

습관은 한 사람의 인격과 품성을 결정하는 중요 요소로 작용하며, 결국 그 사람의 인생을 가늠하는 기준이 된다. 제2의 천성처럼 삶에 차곡차곡 쌓여 제1의 천성, 즉 재능과 훌륭한 인격 등 여러 장점을 파괴하거나 빛을 발하게 하고 결국 삶을 지배하는 것이다.

즉 삶의 방향과 결과를 가늠하는 핵심은 습관이다. 비전을 향해 자신을 바르게 이끌기 위해서는 나쁜 습관을 버리고 좋은 습관을 가지는 것이 매우 중요하다.

습관의 형성은 신호, 반복행동, 보상의 세 단계로 나눠 분석할 수 있다. 영국 케임브리지 대학의 윌리엄 슐츠(William Schultz) 교수는 원숭이를 통해 습관에 대해 실험을 하였다. 주스를 좋아하는 원숭이를 앉혀놓고 모니터에 도형이 나타날 때마다 손잡이를 당겨 원숭이의 입술에 오렌지 주스 한 방울을 떨어뜨렸다. 원숭이는 수십 번의 반복 끝에 오렌지 주스와 손잡이, 모니터의 상관관계를 알아냈다. 그 후 원숭이는 이 체계에 길들여져 모니터에 도형이 비치기만 해도 주스를 기대하게 되었다.

모니터에 도형이 비치는 '신호'가 있으면 손잡이를 당기는 '행동'이 나타나고 그에 따라 오렌지 주스라는 '보상'을 얻는 체계에 길들여지면, 실험 원숭이처럼 특정 '신호'가 나타났을 때 특정 기대와 욕망을 가지게 되고 그를 실현할 수 있는 특정 '행동'을 하여 기대한 '보상'을 얻는 것을 '반복'하게 된다. 이 체계가 습관이 되는 것이다.

습관의 형성 체계를 이해하면 습관을 제어하고 바꿀 수도 있다.

"승지 너 요새 얼굴이 퀭한 게, 엄청 피곤해 보이는데 무슨 일 있어?"
요새 승지는 학교를 마치고 서영의 집에 들르면 퀭한 얼굴로 멍하니 앉아 있거나 꾸벅꾸벅 조는 일이 많았다. 서영은 바닥에 드러누워 있는 승지의 얼굴을 살피며 물었다.

"그러게요. 이상하네요."

승지는 졸음에 겨워 몽롱한 상태로 말했다.

"학원 숙제가 많아? 그래서 늦게 자는 거야?"

"학원 숙제야 뭐, 항상 하는 건데요. 아, 어젠 〈바람과 함께 사라지다〉를 보는 바람에. 네 시간짜리인 줄은 몰랐어요. 평소엔 두 시간짜리만 봤는데."

"뭐? 영화 말하는 거야?"

"네."

"승지야, 정신 좀 차려봐. 요새 영화 보고 잔다는 거야? 매일?"

"아, 네. 요새 매일 영화 보고 자서 이렇게 피곤한가 봐요. 어쩐지."

"학원 마치고 집에 가면 열 시도 넘을 텐데 영화까지 보고 잔단 말이야? 왜?"

"모르겠어요. 그냥 습관이 됐어요."

"방학 때면 몰라도 학기 중에 계속 이러면 어떻게 생활을 하니. 앞으론 일찍 자."

"저도 그래야 하는 거 아는데요. 자야 한다고 생각하면 영화가 너무 보고 싶어지는 거예요. 낮에는 영화 생각도 안 나는데 잘 때쯤 되면 그래요. 그냥 누우면 영화가 보고 싶어서 잠도 안 와요. 딱 삼십 분만 보고 자자, 한 시간만 보고 자자, 그러다가 한 편 다 보고 어떨 땐 두 편까지 봐야 잘 수 있는 거죠. 이상해요. 갑자기 왜 이런 습관이 생겼는지 모르겠어요."

"영화 보는 게 나쁜 건 아니지만, 널 이렇게 힘들게 하는 습관이면 바꿔야지.

습관을 바꾸려면 먼저 습관을 이루는 요소를 분석해서 하나씩 바꿔야 해. 지금 너의 반복행동은 '영화를 보는 것'인데, 그 반복행동 충동을 일으키는 신호는 뭔지, 반복행동을 통해 네가 얻는 보상은 뭔지 파악해야 하는 거지.

반복행동은 알고 있으니 보상을 찾아보자. 네가 영화를 보는 것으로 얻으려는 보상은 재미, 현실 도피, 카타르시스, 시간 때우기 등등 다양하겠지. 그렇다면 영화를 보고 싶다는 충동이 들 때, 예상되는 여러 보상을 얻을 수 있는 다른 행동을 해 보는 거야. 재미있는 책을 본다든가 아버지와 대화를 해 본다든가. 그리고 그렇게 다른 행동을 하고 나서 어떤 생각이 드는지 살펴보는 거야. 다른 행동을 했는데도 계속 영화를 보고 싶다는 충동이 든다면 그 행동으로 얻은 보상은 네가 애초에 원하던 게 아니었던 거지. 영화를 보고 싶다는 충동이 들 때마다 다른 뭔가를 해 본 적은 없어?"

"많이 해 봤어요. 처음엔 숙제나 예습을 했죠. 책도 봤고요. 예능 프로그램도 봤어요. 그냥 불면증인가 싶어서 따뜻한 우유를 마셔보기도 하고 숙면에 좋은 초를 켜 보기도 하고. 다 소용이 없었어요.

다른 건 재미없고 집중도 안 되고 영화 생각만 나요. 영화를 보고 나야 마음이 편안해지고 잠이 와요."

"그러면 다른 실험을 더 해 봐야 하나."

"아! 딱 한 번 그냥 잔 적이 있어요. 근데, 그건 우리 집이 아니었으니까 열외로 쳐야 하나. 외할머니댁에 갔을 때거든요. 되게 잘 잤어요. 거기선 영화를 보기 힘드니까 그냥 포기하고 잤나 봐요. 엄마가 결혼하기 전부터 외할머니랑 살았던 집이라 가구도 낡고 텔레비전은 채널이 딱 세 개 나오는데 외할머니 방에만 한 대 있고 컴퓨터는 당연히 없고. 거기 가면 저는 보통 엄마 방에서 자는데 아직도 엄마 냄새가 나는 거 있죠. 어쩌면 엄마 냄새가 아니라 외할머니 냄새인가. 하여튼 그 날은 잘 잤어요."

"어머니 방에서는 영화를 안 봐도 괜찮았다는 거네. 그럼, 영화를 보고 싶은 건 어머니 생각이 나서 그런 거 아닐까."

"그건 아니에요. 우리 엄마는 일어날 거니까 저 별로 걱정 안 한다고 했잖아요. 그리고 영화랑 엄마랑 아무런 관련도 없고요."

"엄마랑 떨어져 지내고 있으니까 보고 싶을 순 있잖아. 그래서 영화 속 이야기에 몰입하면서 그 감정을 잊고 싶은 건지도 모르고."

"선생님, 그 가설은 너무 신파인데요. 그리고 그런 거라면 책을 봐도 되는 거잖아요. 근데 책이 안 통한다니까요. 왜 굳이 영화인지가 설명이 안 돼요."

승지는 얼마 뒤 잠들어 버렸고, 그 후 며칠 동안 서영의 집에 오지 않았다. 서영이 승지 소식을 궁금해하던 어느 밤, 승지에게서 전화가 걸려 왔다.

"선생님, 얼마 전에 말씀하신 습관의 요소 있잖아요. 보상을 파악한 다음엔 뭘 봐야 하는 거예요?"

"신호를 봐야지. 어떤 신호가 있을 때 영화를 보고 싶다는 충동이 일어나는지를 보는 거야.

어떤 반복행동이 시작되는 신호는 보통 다섯 가지 정도로 볼 수 있어. 특정 장소에 있을 때라거나, 특정 시간만 되면 그렇다거나, 특정한 감정 상태가 되면 그렇다거나, 주변에 특정한 사람이 있을 때 그렇다거나, 직전에 특정 행동을 했을 때마다 그렇다거나. 이런 다섯 가지 상황에서 어떤 행동을 하고 싶다는 충동이 일어나는 거지. 충동이 들 때마다 자신의 신호가 뭔지 스스로 질문하면서 찾아내야 해. 그럼, 그 신호가 나타날 때마다 같은 보상을 얻을 수 있는 다른 행동을 하면 되는 거지. 그런데 승지 너는 이미 신호를 알고 있잖아. 자야 할 때."

"네. 저는 시간인 것 같아요. 자야 할 시간이요. 보통 열두 시쯤이에요."

"근데, 네 보상은 알아낸 거야?"

"선생님, 몇 년 전에요. 저 초등학교 2학년 땐가, 1학년 땐가 아무튼 오래전 어느 날 밤인데 그 날이 엄마 생신이었어요. 아빠는 일찍 들어오겠다고는 했는데 무슨 회의가 잡혔다면서 늦게까지 안 오시고 엄마랑 저랑 둘만 있었죠. 음식도 다 남고 파티도 없고. 엄마의 생일이 아주 쓸쓸하게 끝나가고 있었어요. 결국, 저는 자려고 누웠는데 엄마가 갑자기 제 방에 들어오시는 거예요. 우리 영화 볼까. 엄마가 그랬어요. 엄청 놀랐죠. 원래 저는 아홉 시에 정확히 자야 됐었거든요. 숙제가 남았거나 보고 싶은 책이 있다 해도 엄마는 봐주지 않았다고요. 그런데 그 다음 날 학교도 가야 하는데 아홉 시가 넘은 시간에 엄마가 저한테 영화를 보자고 한 거예요. 엄청 신나고 재밌었어요. 영화 보면서 엄마랑 장난도 쳤는데 무슨 영화를 봤는지는 기억이 안 나요. 그냥 재밌었어요. 그 후로는 그런 일은 다신 없었죠. 엄마랑 함께여서 마음속 깊이 즐거웠던 처음이자 마지막 날이었어요. 예전 일기를 보다가 그 날이 떠올랐어요. 아마 제 보상은 그거였나 봐요. 엄마랑 함께했던 즐거움. 외할머니댁에서 잤을 땐 엄마 방에서 엄마 냄새를 맡으면서 추억도 생각나고 하니 마음이 편안해져서 지나갔나 봐요.

    지금 매일 밤 영화를 본다고 해도 그 즐거움을 그대로 느낄 순 없을 텐데. 사실 저 좀 불안했던 것 같아요. 엄마가 영영 못 일어나면 어떻게 하지, 엄마랑 다시는 영화를 볼 수 없으면 어떻게 하지. 사고가 나기 전엔 아주 실낱같은 가능성이라도 언젠가는 엄마랑 다시 즐거운 시간을 보낼 수 있을 거라고 기대할 수 있었잖아요. 그래서 그 날 일은 그냥 잊고 지냈었는데. 그런데 지금은……."

서영은 마음이 아파 아무 말도 할 수 없었다.

"선생님 말씀대로라면, 잠들어야 할 때쯤에 영화를 보고 싶다는 충동이 또 들면 다른 행동을 해서 보상을 얻으면서 습관을 고쳐야 하는 거잖아요. 그런데 저는 같은 보상을 얻을 수 있는 다른 행동을 못 찾겠어요. 엄마는 대체할 수가 없는 거잖아요."

서영은 간신히 입을 열었다.

"승지야, 나랑 같이 지낼래? 내가 어머니를 대신하겠다는 건 아니고, 그럴 수도 없고. 그냥 내가 그러고 싶어서. 너만 괜찮다면."

얼마 뒤 승지는 그러겠다고 대답했다.

그 다음 날부터 승지와 서영은 함께 지냈다. 늦은 밤이 되면 서영과 승지는 나란히 누워 각자의 엄마 이야기를 서로에게 들려주었다. 이야기가 길어져 승지가 계속 피로에 시달리기도 했지만 점차 균형을 찾아갔고 승지는 적당한 때에 편안하게 잠 들 수 있었다.

승지와 같이 살게 된 이후로 서영은 새로운 습관을 만들었다.

아침에 일찍 일어나는 것이 시작이었다. 처음에는 아침 여섯 시에 일어나다가 그에 익숙해지면서 한 시간 앞당겨 다섯 시에 일어나는 습관을 들였다. 그리고 삼십 분씩 명상과 줄넘기 운동, 집안 정리정

돈을 했다. 처음에는 심드렁해 하던 승지도 언젠가부터 서영과 함께 하기 시작했다. 서영의 주도로 아침밥도 함께 먹기 시작했다.

"습관을 바꾸는 건 정말 쉽지 않아. 없던 습관을 새로 만드는 것도 힘들고. 하지만 습관이 바뀌면 삶이 바뀌어. 습관이 바뀌면 일상이 바뀌고, 일상이 바뀌면 삶이 바뀌는 거니까. 습관이 얼마나 중요한지는 너도 알겠지만, 그중에서도 특히 핵심습관이라는 걸 주의 깊게 봐야 해.

핵심습관이란 삶 전체에 큰 영향을 주는 습관을 의미해. 그 핵심습관이 생기면 그것과 상관없는 다른 삶의 영역까지 바뀌기 시작하거든. 물론 사람마다 사는 방식도 다르고, 인생철학도 다르고, 환경도 다르기 때문에 핵심습관은 사람에 따라 다 다를 수 있지만 대부분의 사람들에게 공통적으로 적용되는 몇 가지 핵심습관이 있어.

명상, 운동, 독서, 정리정돈, 아침 일찍 일어나기, 재테크가 대표적이지. 우리가 어떻게 달라졌는지 봐. 저녁에는 너랑 나 둘 다 바빠서 오늘 하루나 자신에 대해 생각해 볼 겨를이 없잖아. 운동할 시간도 없고. 그런데 아침에 일찍 일어나게 되면서 하루를 허겁지겁 억지로 시작하는 게 아니라 명상으로 나를 돌아보고 내 감정을 청소하면서 맞게 됐잖아.

마음을 이완시킨 다음엔 몸을 고양시켜야지, 그래서 그다음엔 운

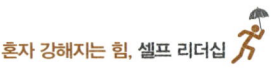

동. 일단 살이 쏙 빠졌고! 내 몸을 내 의지로 움직이고 단련하면서 얻는 성취감이 정말 커. 그러다 보니 자신감도 생기고 의욕도 높아지고. 넌 못 느꼈어? 내가 좀 더 친절하고 다정해진 거? 자신감이 생기니까 매사에 더 여유로워지더라고. 아, 그리고 식습관도 바뀌었지! 내 몸에 맞는 좋은 음식을 먹으려 애쓰게 되니 군것질이나 커피, 술도 덜 하게 되고 몸이 맑아지면서 집중력은 더 높아지고. 그러니까 당연히 몸이 좋아졌고, 정말 놀라운 건 돈도 덜 쓰게 됐다는 거! 매일 삼십 분씩 하는 명상과 운동만으로 내 지갑까지 두둑해질 줄 누가 알았겠어.

너는 주말에 한 번만 대청소하자고 했지만 매일 정리정돈을 하면서 달라진 것도 많잖아. 일단 더 쾌적한 환경을 누리게 된 건 말할 것도 없고. 내가 몸을 움직여서 치우는 만큼 깨끗해지니까 성취감이 생기고, 물건을 정리하면서 생각도 정리돼서 명상 효과도 있더라. 내 공간을 가꾸고 돌보면서 자존감도 높아졌고."

"필요 없는 물건을 안 사게 된 것도요. 또, 집에서 정리하는 게 습관이 되니까 학교에서도 정리를 하게 되는데 용도랑 사용 빈도에 맞게 정리를 해 놓으니까 시간 낭비가 줄고 공부도 더 잘 되는 기분이 들더라고요."

"그렇지! 하루를 일찍 시작해서 명상, 운동, 정리정돈을 하면서 나를 위한 시간을 가지니까 일상이 다 달라진 것 같아, 아주 긍정적인 방향으로. 아, 우리만의 핵심습관도 있잖아."

"아침밥 먹는 거랑 주말에 침묵 독서하는 거요! 원래는 저 아침 안 먹었어요. 근데 선생님이랑 아침 먹기 시작하니까 온종일 든든해요. 오전에 수업 들을 때 덜 졸리고 점심 밥맛도 더 좋아요. 그리고 같이 사는 사람이랑 밥을 같이 먹는다는 게, 특히 아침을 같이 먹는다는 게 특별한 의미가 있더라고요. 오늘은 일찍 들어와라, 세수는 제대로 한 거냐, 책상 정리가 그게 뭐냐, 오늘은 뭐 할 거냐, 그런 일상적인 말을 나누는 게 참 힘이 돼요. 사랑받는 기분도 들고요. 밥 먹고 집을 나올 땐 엄청 응원받는 기분이 들어요. '내가 잘 먹고 힘내서 하루를 잘 살길 바라는 사람과 같이 있다가 나왔다!' 그런 기분? 뭐, 운동 덕에 배가 고파서 더 좋은 걸 수도 있지만요."

"응, 나도 그래. 배만 차는 게 아니라 마음이 든든히 차는 것 같아. 뭐, 나도 운동 때문에 허기져서 그런 걸 수도 있지만."

"그리고 침묵 독서도 좋아요. 책 읽는 건 굳이 따로 습관으로 만들지 않아도 늘 하는 건데, 선생님이 주말에 두 시간 동안 아무 말도 하지 않고 책만 보자고 하니까 웬 오버인가 싶었어요. 근데 그렇게 의식적으로 시간을 따로 떼어놓으니까 더 집중해서 책을 보게 되고, 침묵하면서 생각도 더 많이 하게 돼요. 그냥 읽고 잊어버리는 게 아니라 책 읽고 난 감정이 어떤지, 그 감정의 이유는 뭔지, 작가가 왜 그렇게 생각했는지 등을 생각해 볼 기회를 얻는 거죠."

"맞아. 어른이 되고 나니까 어렸을 때보단 책 읽은 후에 감흥이 덜 했는데 침묵 독서를 하면서 차츰 회복되는 것 같아. 감흥이 덜했던 건 어렸을 때보다 생각할 시간이 부족했기 때문인지도 모르지."

"선생님, 근데 다른 핵심습관들은 다 노력하면서 재테크는 왜 안 해요? 우리 엄마가 그랬는데요, 재테크 습관의 효과는 운동과 맞먹을 정도래요.

2006년에 오스트레일리아에서 스물아홉 명에게 4개월 동안 재무관리 실험을 했어요. 참가자들에게 목표 저축액을 정하고, 외식과 영화 등 꼭 필요하지 않은 일에는 욕망을 억제하라고 한 거죠. 또, 구입목록을 빠짐없이 기록하라는 숙제까지 내주고요. 처음에 참가자들은 다들 짜증 내고 힘들어했지만 점차 자제력을 발휘해서, 구입한 물건이나 서비스의 목록을 착실하게 기록했어요. 실험이 진행되면서 참가자들의 재정상태는 엄청 좋아졌지요. 근데 정말 놀라운 건 참가자들의 생활습관까지도 눈에 띄게 좋아졌다는 거예요. 흡연량도 줄었고 술과 커피를 마시는 횟수도 감소하고 패스트푸드도 덜 먹게 됐고요. 직장과 학교에서의 생산성도 엄청 향상됐대요. 이렇게 좋다는데 선생님도 해야 하는 거 아니에요?"

"흠, 난 숫자에 약해서 말이야. 그리고 다른 습관들이 연동돼서 재테크도 자연스럽게 되고 있는 중이야."

"선생님, 지금 선생님이 돈을 많이 못 버니까 괜히 겁나고 외면하고 싶은 건 알겠는데요. 그럴수록 해야 하는 거거든요? 수학을 잘하는지 못하는지랑은 전혀 상관없다고요. 핑계도 어설프다니까. 제가 도와드릴게요. 선생님은 할 수 있다니까요.

1968년에 하버드대학에서 로버트 로젠탈(Robert Rosenthal)이라는 사회심리학과 교수가 한 실험을 했어요. 미국 샌프란시스코의 한 초등학교에서 전교생을 대상으로 지능검사를 한 후에 검사 결과와 상관없이 무작위로 한 반에서 20% 정도의 학생을 뽑았대요. 그리고 그 학생들의 명단을 교사에게 주면서 '지적 능력이나 학업성취의 향상 가능성이 큰 학생들'이라고 믿게 했죠. 8개월 후에 이전과 같은 지능검사를 다시 했는데요. 어떻게 됐을까요? 명단에 속한 학생들이 다른 학생들보다 평균 점수가 높게 나왔어요. 학교 성적도 크게 향상됐고요. 무작위로 뽑은 학생들이었는데 정말 향상 가능성이 컸던 아이들이 돼 버린 거예요. 명단에 오른 학생들에 대한 교사의 기대와 격려가 중요한 요인이었던 거죠!"

"그래서 네가 기대하고 격려해 주면 내가 성공적인 재테크 습관을 지니게 될 거라는 거야?"

"그렇죠! 선생님이 나한테 하셨던 것처럼요. 같이 새로운 습관을 만들고 나쁜 습관을 고칠 수 있게 옆에 있어주고. 나를 믿어주고 나를 위해 애 써주는 누군가가 있으니까 나도 나를 더 믿을 수 있게 됐어요. 내가 내 힘으로 내 생활을 새롭게 만들 수 있는 사람이구나, 나는 얼마든지 더 좋게 달라질 수 있구나, 그런 믿음이 생겼어요. 모두 선생님 덕분이에요. 딸도 아니고 동생도 아니고 아무것도 아닌데 나한테 이렇게 잘해 준 선생님 덕분이에요."

"나도 네 덕분에 건강한 습관을 지니게 됐어. 너랑 같이하지 않았다면 이런 습관을 들이는 데 성공하지 못했을 거야. 핵심습관을 작은 승리라고 한다는데 정말 요샌 하루하루 내가 나를 이기면서 사는 것 같아. 다 네 덕분이야. 그리고 우리가 가족은 아니지만 친구잖아?"

서영과 승지는 마주 보고 씩 웃었다.

생각은 말을 낳고, 말은 행동을 낳고, 행동은 습관을 낳고, 습관은 인격을 낳고, 인격은 운명을 낳는다. 세 살 버릇 여든까지 간다는 속담처럼, 습관은 한 번 배면 정말 버리기 어렵다. 나쁜 습관은 버리고 좋은 습관을 들여야 내가 원하는 모습으로 나를 위한 인생을 살 수 있다. 가까운 사람들과 함께 서로 격려하고 응원하면서 자신을 믿고 습관을 바꾸자. 삶이 바뀔 것이다.

자기계발 전문가인 사이먼 솜라이(Simon Somlai)는 성공하는 사람과 성공하지 못하는 사람의 차이를 습관에서 찾으면서 성공하는 습관이 쌓여 일정 수준을 넘어서게 되면 누구나 성공적인 삶을 살 수 있다고 봤다. **솜라이가 정리한 성공하는 습관은 10가지다.**

첫째, 꾸준한 배움

워런 버핏과 빌 게이츠는 한 가지 초능력을 가질 수 있다면 무엇을 원하느냐는 질문에 똑같이 세상에서 가장 빨리 책을 읽는 능력을 원한다고 답했다. 독서는 다른 사람의 지식과 경험을 통해 인생의 시행착오를 줄여준다. 오늘부터 매일 비문학 서적을 15쪽씩 읽는 것으로 학습습관을 시작하라.

둘째, 긍정의 시각화

이지성의 〈꿈꾸는 다락방〉에 소개된 원하는 모습과 상황을 머릿속에 그려보는 습관이다. 인생은 생각하는 대로 풀린다. 이루고자 하는 꿈을 구체적으로 시각화해 반복적으로 머릿속에 떠올리면 꿈을 이룰 가능성이 커진다. 자신이 어떤 모습이기를 원하는지 구체적으로 적은 뒤 반복적으로 생각한다.

셋째, 운동과 식사

우리 몸은 가장 중요한 자산이다. 성공하려면 몸이 건강해야 한다. 아침에 일어나 간단하게 체조를 하고 음식은 가능한 한 몸에 좋은 것으로 가려 먹는다.

넷째, 목표 설정

　인생의 목표를 세워 적어놓는다. 마크 매코맥(Mark McCormack)은 〈하버드 경영대학원에서 가르쳐주지 않는 것들(What They Still Don't Teach You at Harvard Business School)〉이란 책에서 다음과 같은 조사결과를 소개했다. 1979년 하버드 경영대학원 졸업생들에게 명확한 목표를 세웠는지 조사해봤다. 3%는 목표를 세워 기록했고, 13%는 머릿속으로만 목표를 세웠다. 84%는 구체적인 목표가 없었다. 10년 후 이들을 다시 조사하니 목표를 마음으로만 세운 13%는 목표가 없던 84%보다 소득이 평균 2배 더 많았다. 목표를 글로 적어둔 3%는 나머지 97%보다 소득이 평균 10배 더 많았다.

다섯째, 우선순위

　가장 중요한 일을 가장 먼저 한다. 대부분 사람은 급한 일을 처리하느라 인생의 가장 중요한 일을 소홀히 한다. 매일 처리해야 할 일을 기록한 뒤 그 날의 가장 중요한 일에 별표를 해둔다.

여섯째, 자산관리

　금융회사의 고객 마인드에서 독립적 투자자 마인드로 전환하는 게 필요하다. 자신의 돈은 자신이 책임져야 한다. 소득범위 내에서 지출하고 돈을 남겨 종잣돈을 만들고 노후에 대비하라.

일곱째, 조기기상

79세까지 산다고 가정하면 25년은 잠으로 보내야 한다. 20대에 자수성가로 백만장자가 된 타이 로페즈(Tai Lopez)는 한 사람이 위대한 일에 바칠 수 있는 시간은 5만 시간에 불과하다고 지적했다. 기껏 5.7년의 시간이다. 나머지 시간은 잠을 자는 데 소비해야 하고 너무 어리거나 늙거나 병이 들어 위대한 일에 쓸 수 없다. 매일 잠자는 시간과 밥 먹고 이동하고 기다리는 시간에 12시간을 쓴다고 가정하면 5만 시간은 11.4년이다. 잠을 줄이지 않더라도 일찍 일어나 하루를 일찍 시작하는 것만으로도 시간을 벌 수 있다.

여덟째, 재능 강화

사람들에겐 누구나 타고난 재능이 있다. 한 사람이 모든 것을 잘할 순 없다. 한 가지도 잘하는 게 없는 사람도 없다. 성공한 사람들은 자신의 재능에 투자해 강점으로 만든다. 잘하는 것은 강화하고 부족한 것을 인생을 잘 살아가는 데 걸림돌이 안 되는 수준으로 보완한다.

아홉째, 네트워킹

고도화된 현대사회에서는 혼자 힘으로 성공하기 어렵다. 내가 도움을 주고 도움을 받을 수 있는 사람들과 깊이 사귀는 게 필요하다. 지금 중요한 것은 내가 무엇을 아느냐가 아니라 누구를 얼마나 잘 아느냐다. 피상적 관계는 인생을 복잡하게만 만들 뿐이다.

열째, 좋은 성품

올바른 행동을 할 수 있는 성품을 가져야 한다. 기본적 윤리의식 없이 이룬 성공은 언제 무너질지 알 수 없는 모래 위의 성이다. 정직, 성실, 약속 준수, 배려 등은 좋은 인생을 살아가는 데 기본적이다. 미국 독립의 아버지 벤저민 프랭클린(Benjamin Franklin)은 절제, 절약, 근면 등 평생에 지키고 싶은 13가지 덕목을 정해 실천해나갔다.

나를 긍정하면 삶을 긍정하게 된다!

서영의 갱생 프로젝트 점검

알코올중독자 아버지, 생계를 위해 청소부 일을 하시는 어머니, 마약중독자 형. 어릴 적부터 가난이 너무나 싫었지만 도망치고 또 도망쳐도 결국 가난은 그를 잡아먹었다.

어느 날 빈민가 놀이터에서 혼자 흙장난을 치던 그는 저 멀리서 축구를 하는 동네 친구들을 부러운 눈으로 보기만 해야 했다. 가난하다는 이유로 축구에 끼워주지 않았지만 원망하지는 않았다. 우연히 날아온 축구공을 찼을 때 처음으로 희열을 느꼈다. "어머니 저도 축구가 하고 싶어요. 축구팀에 보내주세요." 철없는 아들의 부탁에 어머니는 당황했다. 아들의 꿈을 무시할 수 없었던 어머니는 여러 곳을 전전한 끝에 저렴한 가격에 팀에 들어갈 수 있었지만, 가난하다는 이유로 패스 한번 받지 못하고 조명이 꺼지고 모두가 돌아간 뒤에는 혼자 남아 축구공을 닦아야 했다. 낡은 축구화를 고쳐 신으며 축구를 했지만, 한 번 더 하늘이 무너지는 소리를 듣게 되었다. 어릴 때 정상인보다 두 배는 빠르게 심장이 뛰는 질병이 있었는데, 이 때문에 앞으로 운동선수를 할 수 없다는 소리를 듣게 되었다. 다행히 수술하고 재활치료를 하면 정상인만큼은 아니지만 그래도 많이 호전될 수 있다고 하였다.

  하지만 가난으로 값비싼 수술비를 낼 수 없었다. 아버지와 형은 수술 비용을 마련하기 위해 취직하였고, 마침내 일 년 후 온 가족이 모은 돈으로 수술할 수 있게 되었다. 수술은 성공적이었다. 재활을 마친 후 그는 더욱 더 훈련에 강도를 높였다.

  그렇게 시간이 흘러 꿈에 그리던 그라운드에 데뷔하였다. 수많은 관중, 서포터즈, 스포츠 기자들, 그리고 유명 축구팀 스카우터들. 오래도록 바라고 바랐던 축구장. 이 무대에서 죽을 각오로 뛰고 또 뛰었다. "심장이 터져도 좋다." 그렇게 데뷔전이 끝났다. 얼마나 시간이 지났을까. 전화 한 통화를 받았다. 자신은 다른 리그 축구팀 감독이라고 하면서 그를 이적시키고 싶다고 했다. 감독의 전화를 받는 순간 전율로 온 몸에 소름이 돋았다.

  그곳은 세계 최고의 구단 중 하나인 맨체스터 유나이티드였다. 그에게 직접 전화를 건 것은 최고의 축구 감독이라 평가받는 알렉스 퍼거슨 감독이었다. 통화가 끝난 후 바로 어머니에게 전화를 걸었다. 눈물이 나고 말도 잘 나오지 않았다. 그는 흐느끼며 어머니에게 이렇게 말했다. "어머니 더 이상 청소부 일을 하지 않으셔도 돼요." 어머니는 아무 말씀 없이 수화기를 잡고 울기만 하셨다.

구멍 난 축구화에 외톨이, 심장병을 앓는 소년이었던 그는 지금은 연봉 250억 원을 받는 축구계의 황제 '크리스티아누 호날두'가 되었다.

포기하지 않고 끊임없이 정진하면 호날두의 경우처럼 세상을 바꿀 수도 있다. 하지만 인생과 세상이 바뀌기 이전에 무엇보다 좋은 건 스스로를 믿고 존중하게 된다는 점이다. 스스로를 믿으면 사람을 긍정할 수 있게 된다. 그러면 비로소 인생을 바꾸고 세상을 바꿀 수 있다.

스스로를 믿고 귀하게 여기는 힘, 그것이 자존감이다.

대개 자신감과 자존감을 헷갈린다. 자신감은 어떤 일을 성취할 수 있는 자신의 능력에 대한 강한 믿음, 즉 어떤 일이나 목표를 스스로 이뤄낼 수 있다고 믿는 것이다. 그리고 자존감은 자신만이 지닌 특별한 가치를 깨닫고 실제로 자신을 자신답게 느끼는 것이다. 자신감은 조건에 관련된 것이고, 자존감은 존재론적인 것이다.

자신감은 조건이 변하면 달라질 수 있는 것이지만, 자존감은 자기 가치 인식이므로 조건에 따라 달라질 수 있는 것이 아니다. 그러므로 사람은 가변적인 자신감만으로는 행복할 수 없다. 흔들리지 않는 안정과 평화를 누리며 살기 위해서는 건강한 자존감을 가져야 한다.

자존감이 지나치게 낮아지면 자기비관과 혐오에 빠진다. 자신을 믿지 못하니 남의 시선을 의식하고 다른 사람과 자신을 비교하며 자신의 가치를 찾는다. 어떤 일을 할 때는 하고 싶어서 하는 것이 아니라 그것을 할 수 있다는 것을 남들에게 증명하기 위해서 하고, 자신보다 뛰어난 사람이 없을 때에만 안심한다. 자신보다 뛰어난 사람들을 향한 시기와 질투가 심해진다. 그 때문에 다른 사람의 결점에 집중하거나, 자신이 그 뛰어난 사람처럼 예쁘고 잘생겼더라면, 훌륭한 능력을 갖췄더라면 훨씬 행복했을 것으로 생각하며 자신의 욕구는 무시하고 남의 기준에 자신을 맞추려 노력한다.

사람들과 관계를 맺을 때 당당하지 못하고 남들 눈에 띄지 않는 야행성 경향을 나타내기 쉽다. 자기중심적인 성향이 되기도 쉽다. 자기중심적인 행동은 자기 집착으로 이어지고, 자기 집착은 스스로에게 강박적인 굴레를 씌워 쉬운 문제라도 큰 문제로 비화해 일을 어렵게 만든다. 성취를 얻지 못하니 다시 스스로가 못나 보여 자기혐오의 악순환에 빠진다.

자존감이 높으면 자신을 믿고 세상을 믿게 된다. 자신을 사랑하고 자신의 가치를 스스로 존중하기 때문에 삶이 단순하고 유쾌해진다. 아무리 복잡한 문제라도 쉽게 풀어간다. 자신만으로 충분하므로 다른 사람의 시선에 신경 쓰지 않으며, 다른 사람의 관심이나 반응에 대해 과민하지도 않다. 자신을 존중하고 사랑하는 만큼 다른 사람에게도 진심으로 사랑과 존경의 태도를 보인다. 이해심과 배려, 포용력이 크다. 자연스럽게 사람들이 모여든다. 자신을 따뜻하게 하는 내적 난방시설을 갖고 있어 자신을 데우고 그 힘으로 주위 사람들까지 따뜻하게 보듬는다.

당당하고 초연한 자세로 의연하게 살아간다. 자신에게 집착하지 않고 자신에게 충실하다. 집착과 충실은 큰 차이가 있다. 집착은 자기중심적이지만, 충실은 자기 자신을 있는 그대로 받아들이고 자신의 자리에서 최선을 다해 성실하게 살아가는 자세이다. 여유로운 정신은 놀라운 열정과 잠재력을 폭발시키기도 한다. 높은 창의성도 보인다. 결국, 스스로 자신의 가치를 높이고 자신의 의지대로 삶을 일궈간다.

그렇다면 자존감을 높이기 위해 노력해야 하는 건 당연하다.

건강한 자존감을 위해 반드시 기억해야 할 두 가지가 있다.

첫째, 이 세상에 완벽한 사람은 없다! 세상에 실수하지 않는 사람은 없고 결점이 없는 사람도 없다. 실수나 어떤 결점이 한 사람의 가치를 전부 규정할 수 없다. 실수를 했다면 자신을 용서하고 같은 실수를 반복하지 않으려 노력하면 되고, 결점이 있다면 그것을 인정하고 극복하거나 장점으로 바꾸려고 노력하면 된다. 누구도 완벽하지 않다는 것을 기억하면서 스스로에게 너그러워지는 연습을 해야 한다.

둘째, 나는 참 괜찮은 사람이다! 자신의 가치가 낮다고 생각하는가? 그래서 남의 기준에 맞추려 아등바등하는가? 누구도 당신의 가치를 결정할 수 없다. 당신의 가치는 당신이 정하는 것이고 당신만이 높이거나 낮출 수 있다. 내가 나의 가치를 높게 평가할 때 다른 사람도 나를 인정할 수 있다. 나를 긍정할 수 있어야 다른 사람에게도 긍정적일 수 있다.

당신은 참 괜찮은 사람이라는 것을 기억하라.

자신을 긍정하게 되면 매사에 긍정적인 태도를 갖게 된다. 하지만 우리 삶은 빠르게 변하고 상상도 하지 못한 일들이 일어나곤 한다. 일상에 묻혀 중심을 잃고 혼란을 겪을 수도 있다. 그러므로 긍정적인 마음, 긍정적인 태도를 가질 수 있도록 항상 훈련해야 한다. 승려이자 평화운동가인 탁닛한(釋一行)의 말처럼, 때로는 기쁨이 미소의 근원이기도 하지만, 때로는 미소가 기쁨의 근원이기도 한 것이다.

서영은 갱생 프로젝트 노트를 펼쳤다.
프로젝트를 시작한 이후로 새로운 사람들을 만났고, 새로운 일도 하게 되었고, 몰랐던 자신의 힘을 알게 되면서 삶이 풍부해졌다. 친구들에게 보여주기 위해 다이어트에만 매달리던 일은 먼 옛날 일처럼 느껴질 만큼 서영 스스로 자신을 위하고 존중하게 됐다. 그래도 때때로 비관의 유혹에 넘어가곤 했다. 나는 안 될 거야, 그래봤자 내 만족에 그칠 뿐이야, 실패하고 좌절하면 어떻게 하지. 때때로 그런 생각들에 사로잡혔고, 한 번 비관에 잠식당하면 회복되기까지 시간도 노력도 많이 들었다. 훈련이 필요하다는 생각이 들었다.
서영은 노트에 일상에서 긍정의 힘을 훈련할 방법을 적어보았다.

〈서영 갱생 프로젝트〉

첫째, 과거의 일에 감사하고 과거를 용서하기

과거의 일은 절대 바꿀 수 없다. 바꿀 수 있는 것은 과거에 대한 우리의 태도뿐이다.

임용고시에서 떨어졌던 일, 끝이 보이지 않던 수험 생활, 마음 붙일 수 없던 직장 생활, 학원에서 아이들을 무성의하게 가르쳤던 일, 그래서 결국 해고 통보를 받았던 것, 어떤 일을 해야 할지 내가 어떤 사람인지 알 수 없어 헤맸던 시간, 지민의 결혼식에 참석하기 위해 다이어트를 하고 겉모습만 치장하려 애쓰던 시간. 떠올리면 여전히 힘든 기억들이다. 하지만 나는 이미 그 날들을 지나왔고 그때의 절망과 자괴감과 수치스러움 등으로부터 안전하다. 더 이상 그때의 감정과 내 모습에 사로잡히지 않아도 된다. 그때를 떠올리며 괴로워하지 않아도 된다. 그때의 내가 옳았다고는 할 수 없지만 나 나름으로는 어쩔 수 없는 절실한 이유가 있었다. 애썼다고, 나를 쓰다듬어 주겠다. 그 일들을 지나오느라 무척 고생 많았다, 서영아. 그때와 다른 마음과 다른 모습으로 지금의 나를 만들었으니 참 장하다, 서영아.

그때는 정말 고통스러웠지만 지금 돌이켜 보면 내게 독이 된 것만은 아니다. 학원에서 해고되지 않았더라면 나를 돌아보고 삶을 새로운 관점으로 이해할 수 있는 시간을 갖지 못했을 것이다. 계속 관성에 나를 가둔 채 살았을 것이다. 지민의 결혼식을 앞두고 지민의 진짜 꿈과 진심도 알았다. 내심 속물이라 비웃고 욕했던 다른 사람들의 기준에 사실은 내가 나를 가둔 채 괴로워하고 있었다는 것도 알았다. 지민의 진심을 응원하게 되었고 지민뿐만 아니라 모든 사람의 삶을 헐뜯거나 시샘하지 않고 존중하려 노력해야겠다고 생각했다. 그건 나를 해방시키는 것이었다. 그리고 그 고통의 시간 속에서 승지라는 친구도 얻었다. 승지와 아옹다옹 고통을 헤쳐갈 수 있었고 일상의 즐거움을 알게 됐다.

과거의 나를 용서하고 이해하며, 또 과거에 감사를 보낸다. 나는 열심히 살아왔고 앞으로도 잘해낼 수 있을 것이다.

둘째, 지금의 삶을 즐기고 누리기

무엇보다 중요한 것은 지금, 현재의 삶 자체를 즐기는 일이다. 지나버린 과거도 아니고 닥쳐올 미래도 아닌 지금의 삶을 누리자.

지금의 내 생활이 무척 만족스럽다. 내 의지대로 시간을 운용하고, 나를 원하는 곳에서 내가 잘할 수 있는 일을 하면서 나의 효용과 성취를 확인한다. 많지는 않지만 내 힘으로 돈을 벌고 있다. 무엇보다 내가 원하는 삶을 만들기 위해 나에 대해 그 어느 때보다 많이 생각하고 고민한다. 나를 살뜰히 보살피고 무척 위하고 있다.

하지만 노후 불안에 대한 뉴스를 보거나 나와 다른 삶을 사는 친구들을 보면서 가끔 이런 생각을 한다. 빈털터리 할머니가 되어 쓸쓸히 죽는 건 아닐까. 부모님께서 실망하시는 건 아닐까. 결국, 제대로 할 줄 아는 건 아무것도 없이 낙오자가 되는 건 아닐까.

이런 불안과 걱정이 터무니없는 건 아닐 수도 있다. 하지만 아무리 걱정해도 나는 오늘만 살 수 있을 뿐이다. 내일은 어떻게 될지, 10년 뒤에 어떻게 될지 알지 못한다. 오늘이 쌓여 내일이 되고 10년 뒤의 또 다른 오늘이 된다. 오늘 내가 즐거운 만큼 내 미래도 즐거워질 수 있다.

오늘을 담보로 내일의 행복을 기약할 수는 없다. 그런 내일은 영영 오지 않을 테니까. 미루기만 하는 행복은 오지 않는다. 지금 나의 행복을 포기하고 싶지 않다. 불안에 지고 싶지 않다. 지금 내가 즐겁다면 됐다. 지금 내가 할 수 있는 한 최선을 다해 즐기고 누리자.

셋째, 자신감 있었던 때의 나 떠올리기

당당했던 내 모습을 마음에 되새기며 자신을 격려하고, 내 안의 열정을 일깨워줄 수 있는 말을 스스로에게 해 주자.

내가 가장 자신감 있었던 때는 누군가에게 도움이 됐을 때나 내 능력을 확인했을 때었다. 이럴 때 동네 아이들에게 책을 읽어주고 같이 놀아줬던 기억, 울음을 그치지 않던 아이가 나와 놀면서 울음을 그치고 방긋 웃던 일, 내가 쓴 편지를 읽고 친구가 힘이 났다고 말해 준 일들, 학창시절 백일장 대회에서 수상을 하거나 성적 우수상을 받았던 기억, 수업계획서를 칭찬받고 아이들과 재미있게 수업을 만들었던 기억, 공모전 수상, 직장에서 진행하던 프로젝트 성공에 이바지했던 일… 생각해 보니 많다.

다른 누군가에게는 사소할지라도 그 순간 내게 큰 기쁨이었고 나를 자랑스러워 할 수 있었던 일들이 많다. 나는 사람들에게 도움이 될 수 있는 사람이었고, 내 힘으로 내 가치를 증명할 수 있는 사람이었다. 나만으로 충분한 사람이었다. 과거에 그랬던 사람이 지금 달라졌을 리 없다. 상황은 달라졌을지 몰라도 나의 힘과 나의 가치는 변하지도 손상되지도 않았다.

서영, 나는 언제까지나 소중해. 나는 자신감을 가지기에 충분해. 지금까지 그래 왔듯이 앞으로도 나는 충분히 잘해낼 수 있어. 괜찮아, 내가 최고야.

넷째, '스톡데일 패러독스' 기억하기

베트남 전쟁이 한창이던 하노이. 미군 장성 제임스 스톡데일

(James Stockdale)은 포로수용소에 갇혔다.

그는 무사히 나갈 수 있을 것이라는 믿음을 잃지 않으며 어려운 현실을 끝까지 직시하며 8년을 견뎠고, 그 믿음대로 다치거나 죽지 않고 수용소를 나갈 수 있었다. 하지만 그와 달리 수용소에서 나가기 전에 죽었던 이들도 있었는데, 그들은 대부분 낙관주의자였다. 곧 나갈 수 있다고 믿다가 그 기대대로 되지 않자 상심을 못 이겨 죽고 만 것이었다.

수용소에서 살아남은 사람들은 스톡데일처럼 낙관주의자가 아니라 현실주의자였다고 한다. 낙관주의자는 다가오는 크리스마스에는 나갈 수 있다고 생각하다가 그렇게 되지 않자 부활절에는 나갈 수 있다고 주장하는 등 근거 없는 희망만 품다가 결국에는 상심해 죽어갔다. 현실주의자는 크리스마스 때까지는 나가지 못할 것으로 생각하면서도 동시에 언젠가는 반드시 나갈 수 있을 것이라는 믿음을 잃지 않아 결국 살아남을 수 있었다.

미국 경영학자 짐 콜린스(Jim Collins)는 성공한 기업들의 특징을 분석하면서 최고의 긍정주의자들이 대부분 석방 전에 죽은 이 모순을 차용했다. 역경에 처하게 됐을 때 그 현실을 외면하지 않고 정면 대응하면 살아남을 수 있는 반면, 근거 없이 조만간 일이 잘 풀릴 거라고 낙관만 하면 무너지고 만다는 희망의 역설을 그는 '스톡데일 패러독스'라고 명명했다.

스톡데일 패러독스는 아무리 어려워도 결국 성공할 것이라는 믿음을 잃지 않으면서, 동시에 그것이 무엇이든 눈앞에 닥친 가장 냉혹한 현실을 직시해야 한다는 성공 방정식을 가르쳐 준다.

물론 낙관과 긍정은 삶을 바꿀 수 있는 바람직한 태도다. 긍정적인 감정은 사람의 주의력, 인식능력, 행동능력의 폭을 넓혀준다. 긍정으로부터 오는 낙관성은 일곱 번 넘어져도 여덟 번 일어날 수 있는 회복탄력성 지수를 높게 유지시켜 준다.

회복탄력성은 긍정의 힘없이는 유지될 수 없지만 긍정의 힘만으로 유지되는 것은 아니다. 스톡데일 패러독스를 기억해야 한다. 현실에 뿌리내리지 않은 낙관은 문제를 헤쳐 가는 과정을 더 고통스럽게 만든다. 현실을 외면한 낙관은 마취일 뿐이다. 실질적으로 문제를 해결하는 데에는 아무런 도움을 주지 못한다. 현실을 정확히 직시하고 파악해야 긍정의 힘이 더 커지고 비로소 그 힘이 삶을 바꿀 수 있다.

내 삶을 누리고 긍정하며 미래를 낙관한다. 동시에 위험과 불안, 당장의 내 노력만으로 성취하기 힘든 일들, 예정된 실패들을 꿋꿋이 직시할 것이다. 그리고 돌파할 것이다. 역경에 맞설 힘이 내 안에 있다.

서영은 자신이 쓴 내용을 다시 읽어보며 밝게 웃었다. 가슴이 두근거리며 뜨거운 의욕이 솟았다. 이 마음을 매 순간 잊지 않겠다고 다짐했다.

서영처럼 나에게도 긍정의 힘을 다질 수 있도록 북돋는 기억이 있다.

수년 전 기업특강을 의뢰받아 대구 팔공산으로 가기 위해 고속도로를 달리고 있었다. 약속 시각이 가까워지면서 마음이 급해져 평소답지 않게 속도를 내고 있었다. 그때 내 앞으로 두 대의 대형트럭이 달리고 있었다. 그중 오른쪽 차선 트럭의 움직임이 심상치 않아 자세히 보니 운전사가 졸고 있었다. 차선을 왔다 갔다 주행하기에 위험을 느끼고 멀찌감치 뒤로 떨어져 경적을 울리기도 하고, 여차하면 앞으로 추월하기 위해 기회를 엿보던 중 믿지 못할 대형사고를 목격하였다.

졸음운전을 하던 차량이 왼쪽 차선에서 앞서가던 트럭의 뒷바퀴를 들이받은 것이다. 충돌 즉시 졸음운전 차량은 바로 멈춰 섰는데 정규속도로 안전운전을 하던 왼쪽 차량은 두세 번 데굴데굴 구르더니 고속도로 가드레일 밖으로 튕겨 나갔다. 그 사고가 일어난 곳은 다리 위였다. 그것도 매우 높은 다리 위.

강의 시각이 워낙 촉박했던 탓에 놀란 가슴을 겨우 부여잡고 그대로 운전해 가면서 떨리는 목소리로 겨우 119에 신고 전화를 했다. 대략의 위치를 알려준 뒤, 경찰에게 반드시 나의 전화번호를 전해달라고 말했다. 피해자에게 증인이 되어주고 싶었다.

그리고 얼마 뒤 마음이 진정되고 나자 문득 이런 생각이 들었다. '만약 내가 무리해서 앞질러 갔다면 그 피해 차량은 내가 되었겠구나!'

흔히 행복이라면 기적과 같은 일이 일어나야 한다고 생각한다. 아니, 내가 그랬다. 그런데 이 사고를 경험하면서 아무 일도 일어나지 않은 지금 이 순간이 얼마나 감사하고 행복한 것인가, 하는 참으로 귀한 깨달음이 밀려왔다.

'오늘 하루 아무 일도 일어나지 않은 것에 진정으로 감사해야 한다.'

이 깨달음은 한동안 관성과 매너리즘에서 빠져 있던 나를 새롭게 일깨우는 계기가 되었다.

자신의 힘을 믿는 자존감을 갖자. 그리고 그를 바탕으로 삶을 긍정하고 매 순간에 감사하자. 현실을 당당히 직시하되 자신을 믿고 긍정하자. 우리는 오늘도 무척 열심히, 제법 괜찮게 살아냈다. 내일도 그러할 것이다.

"나는 소중한 사람이다."
"나는 내가 좋다."
"나는 내가 자랑스럽다."
"나는 아주 훌륭하며 무엇이든지 할 수 있다."

가장 위대한 재능, 반복!

사람의 마음을 바꾸는 가장 강력한 방법은 반복이다.

에펠탑이 처음 설계되었을 때, 1만 5,000여 개의 금속을 250만 개의 나사못으로 연결한 7,000톤의 철골구조물은 파리 예술에 대한 모독이라는 평을 들었다. 그리고 고풍스러운 파리 분위기를 망쳐놓을 것이라는 비난을 받았다. 그러나 파리 시내 어디에서나 300미터가 넘는 탑을 눈만 뜨면 반복적으로 보게 되자 그 철골구조물은 익숙해졌고, 예뻐 보이기 시작했다. 지금은 프랑스의 자랑, 파리의 명물이 되었다.

미국의 심리학자 로버트 제이존크(Robert Zajonc)는 열두 명의 얼굴 사진을 준비해 학생들에게 여러 차례 무작위로 보여줬다. 사진 열두 장은 두 장마다 노출 횟수를 달리했다. 실험 결과 학생들은 사진 내용과 관계없이 많이 보여준 사진에 더 높은 호감을 보였다. 이런 현상을 '에펠탑 효과(Eiffel Tower Effect)'라고 한다.

반복은 관심 없던 물건도 사게 한다. 처음엔 상품을 사지 않으려고 했던 사람들에게 TV 광고를 통해 그 제품 이미지를 반복해서 보여주었더니 완전히 다른 결과가 나타났다. 그들의 87%가 제품을 사겠다고 뜻을 바꾼 것이다.

반복하면 자신도 모르는 사이에 기억하게 되고 나중에는 친밀감이 생긴다. 결국 흉물도 명물이 되고, 없던 호감이 생기며 필요 없던 물건도 사게 된다. 반복은 사람의 마음과 태도를 바꾼다. 반복은 모든 것을 압도하는 힘인 것이다.

반복은 모든 재능을 압도하는 재능이기도 하다. 특별해서 성공하는 것이 아니라 반복해서 성공한다.

여섯 살에 작곡을 시작했다고 알려지며 그 천재성을 칭송받았던 한 음악 신동이 있었다. 그런데 모두가 걸작이라고 평하는 그 신동의 작품은 그의 나이 스물한 살 이후에야 만들어졌다. 그가 협주곡을 만들기 시작한 지 정확히 10년이 흐른 시점이었다. 그는 볼프강 아마데우스 모차르트(Wolfgang Amadeus Mozart)였다. 한 신동이 꾸준한 연습으로 스물한 살에 이르러 비로소 서양음악 역사상 가장 천재적인 음악가 모차르트로 거듭났던 것이다.

오늘날 모차르트의 후예들도 그의 법칙을 따른다. 음악학교에서 조사한 바에 따르면, 학생들의 기량은 연습 시간과 정비례했다. 보통 수준의 학생은 혼자 3,420시간을 연습했지만, 잘하는 학생은 5,301시간을, 탁월한 학생은 7,410시간을 연습했다는 결과가 나왔다.

스포츠 분야에서도 다르지 않다. 최초의 흑인 홈런왕 행크 에런(Hank

Aaron)은 이렇게 말했다. "정신이 나갈 정도로 많은 시간을 반복 훈련에 쏟고 나면 이상한 능력이 생긴다. 다른 선수들에게는 없는 능력이 생기는 것이다. 가령 투수가 공을 던지기 전부터 그 공이 커브인지, 직구인지 알 수 있게 된다. 그리고 날아오는 공이 축구공처럼 크게 보인다."

피겨여제 김연아는 잠자는 시간을 빼놓고는 반복 연습만 할 만큼 지독한 연습벌레였다. 전담 코치였던 브라이언 오서는 김연아의 재능을 하늘의 축복이라고 생각하는 사람이 있다면 김연아가 연습하는 과정을 딱 사흘만 지켜보라고 말해 주고 싶다고 했다. 김연아는 한 번의 점프를 위해 최소 3,000번의 엉덩방아를 찧는다는 것이다.

"오늘 1,000개의 공을 치겠다고 자신과 약속했으면 1,000개를 쳐야 한다. 999개를 치고 내일 1,001개를 치겠다며 골프채를 내려놓는 순간 성공의 길은 나의 곁을 떠나간다." 하루 3,000번의 스윙을 반복했다는 골프 선수 최경주가 했던 말이다.

신동이 아니라 연습벌레가 천재가 되고 대가가 된다. 그런데 대가가 되어도 반복은 완성이 없다. 반복은 자신을 실현할 수 있는 가장 강력한 방법이면서 그 자체로 목적이고 가장 행복하고 정직한 삶의 과정이기 때문이다.

세계적인 피아니스트 지그문트 탈베르크(Siegmund Talberg)는 한 음악회 연주 요청을 받았다. 그가 음악회 개최일을 묻자 관계자는 바로 다음 달 1일이라고 답했다. 탈베르크는 개최일까지 연습을 마칠 수 없다며 요청을 거절했다. 관계자는 여느 연주자들의 통상 연습 기간이 4일이니 탈베르크라면 3일 정도로 충분하지 않겠냐고 말했고, 그에 탈베르크는 정색하며 말했다.

"저는 신작발표회의 경우, 적어도 1,500회의 연습을 하지 않으면 출연하지 않는 것을 원칙으로 합니다. 하루에 50회씩 연습하면 1개월은 걸리겠지요. 그때까지 기다려 주신다면 출연하겠습니다. 연습할 시간이 없으면 절대 출연할 수 없습니다."

세계적 첼로의 성자 파블로 카잘스(Pablo Casals)도 마찬가지였다. 그는 아흔여섯 살에 세상을 떠날 때까지 첼로를 손에서 놓지 않았다. 여전히 연습에 매진하던 아흔다섯 살 때, 한 기자가 역사상 가장 위대한 첼리스트로 손꼽히는 분이 아직도 하루에 6시간씩 연습하는 이유가 무엇이냐고 그에게 물었다. 카잘스는 활을 내려놓고 말했다.

"지금도 제 실력이 조금씩 발전하고 있다고 생각하기 때문입니다."

모두가 충분하다고 할 때 그치지 않고 반복하면 삶의 마지막 순간까지 발전할 수 있다. 반복의 힘은 한 사람이 성공하는 것을 넘어 그의 발전에 한계가 없다는 것을 가르쳐준다. 반복하면 매일 매 순간 성취를 해내고 그 성취가 쌓여 성공을 이루는데, 성공은 끝이 아니고 반복의 또 다른 과정이며 반복하는 만큼 성장은 계속되는 것이다.

반복은 기회부터 위기까지 그 모든 가능성에 대비할 수 있게 하기도 한다. 이것이 반복의 힘이다!

　2009년 1월 15일, 뉴욕 상공. 기장 체슬리 슐렌버거(Chesley Sullenberger)가 몰던 1549편 비행기는 이륙 2분 만에 새들과의 충돌로 엔진이 고장 났다. 슐렌버거는 엔진고장을 알아차리자마자 조종간을 잡고 창밖 시내를 보면서 머릿속으로 재빨리 3차원 지도를 그렸다. 그와 동시에 관제탑에 도움을 요청해 가장 가까운 공항에 비상착륙을 해도 될지 물었다. 관제탑에서는 좀 더 멀리 떨어진 다른 공항으로 향할 것을 권유했다. 하지만 슐렌버거는 당시 비행기의 고도와 속도를 고려했을 때 안내해 준 공항까지 가기 어렵다고 판단했다. 그대로 가다가는 결국 비행기가 뉴욕 시내 한복판에 떨어져 크나큰 재앙이 일어날 것으로 예측했다. 그는 허드슨 강에 비상착륙하겠다고 보고했다. 교신을 마친 지 1분 30초 만에 비행기는 허드슨 강에 불시착했다. 슐렌버거는 하강속도와 평형 등을 최대한 맞춰 기적적으로 기체의 손상 없이 강 위에 착륙했다. 이후 한 시간 만에 155명의 승객과 승무원들이 모두 안전하게 구조됐다. 슐렌버거는 승객들이 다 구조되었는지 기내를 꼼꼼히 확인한 후 마지막으로 구조됐다.

　이 절체절명의 상황에서 공항관제탑, 기장, 승무원, 911 구조요원 등은 모두 전문가답게 신속하게 판단하고 행동했다. 그 중 특히 슐렌버거 기장의 뛰어난 판단력과 비행능력, 기지는 사고를 해결하는 데에 결정적인 역할을 했다.

그의 놀라운 판단력과 대응능력은 타고난 것도 아니고 그 순간 저절로 발휘된 것도 아니었다. 슐렌버거는 1만 9,000시간의 비행을 경험했고 정기적으로 위기 대응훈련을 해왔다. 수면 위 비상착륙 또한 그가 반복해서 훈련해온 것이었다.

예측하지 못한 상황에 창의적으로 대응하는 힘인 순간탄력성은 다양한 경험과 끊임없는 반복 훈련만으로 얻을 수 있다. 반복을 통해 삶의 불확실성을 통제하고 자신의 의지대로 삶을 이끌어갈 수 있는 것이다.

반복의 폭발력은 특히 1만 시간 이상이 될 때 커진다.

심리학자 안데르스 에릭손(Anders Ericsson) 교수는 반복의 비등점을 밝혀냈다. 어떤 분야에서든 탁월한 경지에 이르게 하는 연습시간은 바로 1만 시간이라는 것이다. 천재로 알려진 이들은 실제로는 자신의 분야에서 1만 시간 이상의 체계적이고 정밀한 연습과 노력을 기울인 사람들이었다. 그러므로 일정한 재능을 갖춘 사람이라면 누구나 1만 시간의 훈련으로 천재의 경지에 다다를 수 있다고 주장하였다.

신경과학과 심리학계에서 각종 사례 연구를 통해 체계화된 이 주장은 경영사상가 말콤 글래드웰(Malcolm Gladwell)의 베스트셀러 〈아웃라이어(Outliers)〉를 통해 대중적으로 알려졌다. 글래드웰은 모든 사람의 성공법칙으로 '1만 시간의 법칙'을 주장하였다. 하루에 3시간씩 꼬박 10년, 즉 1만 시간의 노력이 있어야 특정 분야에서 전문가가 된다는 것이다.

물론 연습의 질과 개인의 여건에 따라 성과는 다를 수 있다. 하지만 어느 분야에서든 이보다 적은 시간을 연습해 세계 수준의 전문가가 탄생한 경우는 없었다. 1만 시간은 성공을 위한 최소한의 투자이자 성공을 향한 최대치의 가능성이라는 것이다.

1만 시간 이상의 반복, 즉 지속적인 임계값 이상의 에너지 투입은 퀀텀 점프(Quantum Jump)를 낳는다. 퀀텀 점프는 물리학 용어로 양자가 어떤 단계에서 다음 단계로 갈 때 비약적으로 뛰어오르는 현상을 뜻하는 말이다. 즉 이전의 발전 수준을 초월하는 대약진을 뜻한다. 경제학적으로는 조직이나 사업이 혁신을 통해 단기간 내에 발전하는 것을 의미한다. 1만 시간 이상 성실하게 반복해 연습하고 훈련하면 어느 순간 능력이 비약적으로 발전해 일정한 경지에 올라 있는 스스로를 발견하게 될 것이다.

반복은 모든 것을 압도하는 힘으로 사람의 태도와 능력을 비약적으로 성장시킨다. 다양한 상황에 대한 대응력을 키워 개인이 삶의 기선을 잡도록 한다. 동시에 반복은 자신을 위한 가장 행복한 과정이며 그 자체로 훌륭한 성취다.

자신을 믿고 과정을 즐기며 꾸준히 반복하라. 반복을 습관으로 만들라. 반복할수록 연마할수록 당신은 빛이 날 것이다.

또한, 세상은 스스로 반복하는 자를 지지한다. 반복은 다른 사람도 감복시키면서 모두가 당신의 성장을 응원하고 기대하게 만들 것이다.

21세기,
리더의 조건도 달라졌다

"새로운 세기에는 미래의 리더를 교육하고 새로운 사상을 개발하는 것보다 더 중요한 일은 없다."

경제학자인 로렌스 서머스(Lawrence Summers)가 2001년 10월 하버드 대학총장 취임연설에서 한 말이다.

20세기는 완만한 변화의 시대로 위기와 기회를 예측하고 통제하기 쉬웠다. 반면 21세기는 급변하는 불확실성의 시대로 문제에 신속하게 반응하고 그를 명쾌하게 해결하는 것이 매우 어렵다. 그러므로 21세기 들어 리더의 역할은 더욱 중요해졌고, 요구되는 리더의 덕목도 달라졌다.

새 시대에는 모두가 자기 자신을 이끄는 셀프 리더이고, 모두가 삶의 어떤 영역에서든 리더와 팔로워가 된다. 새로운 리더십을 이해하는 것은 특별한 몇몇만이 아니라 이 시대를 살아가는 우리 모두에게 필수적인 일이다.

새로운 시대의 새로운 리더의 조건은 다섯 가지로 정리할 수 있다.

역경을 극복해낸 경험, 평등과 소통, 인간적 매력, 도덕성, 창조성이다.

> **첫째, 역경을 극복해낸 경험**

소비자가 신발 한 켤레를 사면 제3세계 아이에게 똑같이 신발 한 켤레를 보내는 기업 탐스(TOMS) 슈즈는 세탁물 바구니에서 시작됐다.

탐스의 CEO 블레이크 마이코스키(Blake Mycoskie)는 테니스 특기생이던 대학 2학년 때 사고로 아킬레스건을 다치는 심각한 부상을 입었다. 좋아하던 운동을 못 하게 됐을 뿐만 아니라 방 안에 꼼짝없이 갇혀 있어야 했다. 쌓여가는 세탁물이라도 누군가가 치워줬으면 좋겠다고 생각하며 지내던 나날이었다. 돌파구를 찾던 그는 자신의 처지에서 착안해 사업 아이디어를 떠올렸다. 세탁물 수거 사업을 시작한 것이었다. 첫 사업은 성공적이었다. 그는 그에서 그치지 않고 더 흥미롭고 도전적인 기회를 찾아 나섰다. 각기 다른 분야에서 세 번의 창업을 했고 성공과 실패를 두루 경험했다.

이후 아르헨티나 여행에서 신발이 없어 각종 질병에 걸리는 아이들을 만나 새로운 사업 아이디어를 얻었다. 질 좋은 신발의 구매와 기부가 일대일로 이뤄지는 사업 모델로 탐스 슈즈를 시작했다. 다양한 경험을 거친 스물아홉 살의 패기만만한 청년이었지만 유례없는 형태의 사업을 시작하면서 불안하지 않을 수 없었다. 그는 불안에 시달린 끝에 마음을 다스리는 방법을 터득했다. 최악과 희망을 적는 것이었다. 노트를 반 접어 한쪽에는 최악의 상황을, 한쪽에는 그 상황에서도 얻을 수 있는 좋은 점을 적었다. 신발이 팔리지 않으면 자본금과 상당한 재료비를 날리게 될 것이라는 최악의 상황을 적은 뒤 그 옆엔 망하더라도 친구들에게 크리스마스 선물로 줄 수 있는 신발이 남는다고 적었다.

마이코스키는 절망적인 상황을 창업으로 극복해내고, 성패의 기복은 다음 도전에 대한 열망으로 극복해냈다. 탐스 슈즈를 시작하면서는 최악을 직시하되 희망을 발굴하며 불안한 사업을 돌파했다. 그리고 결국 탐스 슈즈를 창조적인 글로벌 기업으로 성장시켰다. 세탁물 바구니에서 시작된 역경은 그를 괴롭혔지만 그는 그만의 극복 방법을 터득했다. 극복한 역경은 역경으로 남지 않고 비전을 실현하는 밑천이 되었다.

불확실성의 시대, 다가올 역경은 예측 불가능하고 복잡할 것이다.
이때 역경을 극복해낸 경험이 있는 사람은 다양한 스트레스 상황에서도 자신을 믿을 줄 알고 자신을 손상시키지 않는다. 역경의 반동을 이용해 창조적인 해결책을 마련할 수 있다. 긍정하되 현실을 직시할 줄 안다. 그로써 시대를 돌파하는 리더가 될 수 있다.

둘째, 평등과 소통

세계적 커피 전문점 스타벅스의 CEO인 하워드 슐츠(Howard Schultz)는 스타벅스에 합류하기 전 가정용품 생산 회사에서 일하고 있었다. 어느 날 시애틀의 작은 소매업체에서 이례적으로 한 종류의 드립커피 추출기를 대량 주문한 것이 그의 눈에 띄었다.

슐츠는 그 업체를 찾아갔고 그곳에서 만든 커피의 맛과 향에 깊이 반해 그 업체의 경영진을 만나 대화를 나눴다. 그 과정에서 슐츠는 커피 산업의 미래에 어떤 확신을 가졌다. 그 작은 소매업체가 바로 스타벅스였다. 슐츠는 스타벅스의 경영진에게 자신이 생각하고 있던 스타벅스의 비전과 발전 방향에 대해 이야기하고 자신을 받아들여 줄 것을 요청하였다. 그러나 당시 경영진은 그의 구상과 계획이 너무나 많은 변화를 가져오고 위험도 클 것이라며 요청을 거부하였다. 하지만 슐츠는 포기하지 않고 다시 경영진을 설득하여 결국 회사에 합류할 수 있었다.

이후 슐츠는 경영의 핵심 가치를 '사람'에 두었다. 종업원을 동업자와 파트너로 명명해 사명을 공유할 수 있는 사람을 채용했으며, 그들에게 파격적인 복지혜택을 제공했다. 경영자와 임원들만의 비전에 갇히지 않으려 노력하면서 모든 직원의 아이디어에 귀 기울였다. 그 결과 스타벅스는 세계적인 기업으로 성장했을 뿐만 아니라 평등한 사내 문화와 섬세한 고객 서비스로 '사람 중심 기업'의 모범이 되었다.

딕 브라운(Dick Brown)이 미국 소프트웨어 기업 EDS의 CEO로 취임할 당시, EDS는 시장 변화에 적응하지 못해 매출이 떨어지고 주가도 급락하는 위기에 놓여 있었다. 브라운은 문제의 원인과 해결책을 모색하기 위해 여러 지역을 돌며 지위불문하고 많은 임직원을 만났다. 그들의 의견을 경청하고 조직 구조를 속속들이 파악했다. 그리고 매주 직원들에게 이메일을 보내 솔직한 자신의 생각을 알렸고, 그들의 의견을 담은 메일을 보내 달라고 요청했다.

회사의 목표를 비롯해 사내의 각종 이슈에 대해 직원들이 적극적으로 의견을 개진하면서 사내에 새로운 리더십 스타일이 점차 확산되었다. 관리자와 구성원들 사이에 우선순위에 대한 활발한 토론이 일상화되었다.

적극적인 커뮤니케이션을 통해 브라운은 구성원들의 공감대를 확보한 해결책을 도출할 수 있었고, 결국 부임 2년 만에 기업의 조직문화와 매출을 성공적으로 개선했다.

하워드 슐츠와 딕 브라운은 위기를 소통으로 극복했다는 공통점이 있다. 슐츠는 거듭 거절을 당하면서도 자신의 비전을 무작정 밀어붙이는 대신 끝까지 상대를 설득하고 진심을 전했다. 이후 회사에 합류한 뒤에도 수평적 소통을 중시하며 평등한 사내 문화를 만들었다. 브라운 역시 지사를 돌며 곳곳의 직원들을 만나 이야기를 나누고 모든 직원과 이메일을 주고받으며 권한을 나눠 갖고 함께 고민했다.

이러한 개방적인 소통의 자세는 상대를 평등하게 존중하고 신뢰하는 것이다. 존중을 받으면 상대 역시 존중과 신뢰를 보내온다. 상호 신뢰를 바탕으로 모두가 책임과 권한을 평등하게 갖게 되고 모든 일을 의욕적으로 추진할 수 있게 된다.

이러한 리더십을 조정자형 리더십, 임파워링 리더십(Empowering Leadership)이라 할 수 있다.

조정자형 리더십은 커뮤니케이션 능력을 갖추고 격식 없는 토론 문화를 주도함으로써 구성원의 의견에 공감하며 서로 다른 의견을 조정해 구성원을 북돋는 리더십을 말한다. 임파워링 리더십은 구성원을 관리하고 통제하는 것이 아니라 구성원에게 권한을 배분하고 그들이 최대의 기량을 발휘할 수 있도록 북돋고 지원하는 리더십을 말한다.

셋째, 인간적 매력

"우리 이름을 모두 기억해 주시고
추수감사절에 직접 선물을 챙겨주시며
보스가 아니라 우리의 친구가 되어주신 허브 씨
16,000명 저희 임직원이 진심으로 감사드립니다."

1994년 미국 경영자의 날, USA 투데이에 실린 광고다.

미국 저가 항공사 사우스웨스트 항공사의 직원들이 광고를 내 당시 CEO 허브 켈러허(Herb Kelleher)에게 감사를 표한 것이다.

켈러허는 회사에 출근해 그의 집무실까지 도착하는 데 두 시간이나 걸렸다. 회사 정문에서부터 마주치는 모든 직원의 이름을 일일이 부르고 농담을 주고받았던 것이다. 그는 고객보다도 직원들이 행복한 것이 자신의 목표라며 늘 직원들을 웃기고 행복하게 하는 데에 골몰했다. 토끼 분장을 한 채 출근하고, 식사 시간에 엘비스 프레슬리 복장으로 깜짝 등장하기도 했으며, 분쟁이 생긴 회사의 사장과 팔씨름으로 문제를 해결하기도 했다. 일요일 새벽 세 시에 회사 청소부 휴게실에 나타나 도넛을 나눠주고 자신도 작업복을 입고 함께 비행기를 청소하기도 했다.

사우스웨스트의 승무원들도 켈러허의 방침에 따라 남다른 유머 감각을 보였다. 기내 방송을 랩으로 하기도 하고, 고객을 맞을 땐 짐칸에서 나타나거나 뒤에서 고객의 눈을 가리고 '누구게~?' 장난을 치고, 기내 화장실에 몇 명이나 들어갈 수 있는지 콘테스트를 열기도 했다. 담배를 피우고 싶으면 밖으로 나가 비행기 날개 위에 앉아 피라며, 그때 감상할 영화는 〈바람과 함께 사라지다〉라고 덧붙이는 기내 방송을 하기도 했다. 고객들의 반응은 열광적이었고 직원들도 즐거워했다.

켈러허의 경영 방침 덕에 직원들은 회사에 일하러 가는 것이 아니라 놀러 가는 것이라고 말할 만큼 회사 생활을 행복해했다. 사우스웨스트 항공은 가장 들어가고 싶은 기업으로 손꼽히며 미국의 4대 항공사 중 하나이자 대표적 저가 항공사가 되었다.

켈러허는 '동네 아저씨' 같은 리더였다. 편안하고 친근한 인간미로 직원들이 최고의 팀워크를 발휘할 수 있도록 이끌었으며, 감성적 서비스로 고객의 마음도 사로잡았다.

첨단기술이 발달할수록 기술로 대체할 수 없는 인간적 매력이 중요해진다. 다원화된 사회에서 사람들의 더 세분화된 욕구를 이해하고 충족시켜 줄 리더가 필요한 것이다. 유머, 배려, 공감 능력, 친화력, 겸손함 등을 지닌 인간미 넘치는 리더는 자신을 잘 다스릴 뿐만 아니라 다양한 사람들을 포용할 수 있고 고난을 극복하는 힘도 탁월하다.

넷째, 도덕성

2015년 말, 111년 전통을 자랑하는 국내의 한 기업이 순식간에 비난 여론에 휩싸였다. 명예회장이 그의 운전기사에게 수시로 폭언을 퍼붓고 폭행을 했다는 사실이 알려졌기 때문이었다. 논란이 커지자 피해를 봤다는 다른 직원들도 등장했고, 명예회장 일가가 영업이익에 맞먹는 보수를 챙겨갔다는 사실도 드러나 사람들의 분노가 더 커졌다. 오랜 전통과 향토 기업으로서의 진정성을 믿었던 사람들은 배신감을 느끼며 불매 운동에 나섰다. 결국, 시장 점유율 3위를 기록하던 그 기업의 생산량은 크게 줄어 매출이 반 토막 날 위기에 처했다.

그보다 앞선 2014년 말에는 비행기를 돌려 세운 부사장이 있었다. 그는 자신이 부사장으로 있던 항공사 비행기 안에서 규정대로 제공된 간식인 땅콩 서비스를 문제 삼아 승무원과 사무장을 모욕하고 결국 사무

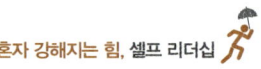

장을 쫓아내기 위해 이륙하려던 비행기를 세웠다. 당시 탑승한 200여 명의 승객은 그 한 사람 때문에 영문도 모른 채 일정에 차질을 빚게 됐고, 무엇보다 모욕을 당한 승무원들의 상처가 컸다. 사실이 알려지자 역시 엄청난 비난이 쏟아졌고 부사장은 항공법 위반 등으로 재판을 받게 되었다. 운항 정지, 과징금 등과 함께 주가도 하락하면서 해당 항공사의 손실은 400억 원에 육박했다.

 공동체의 이익을 고려하고 자신이 어떤 처지이든 상대적인 약자를 먼저 생각하는 마음, 정직하고 신의 있는 마음. 도덕성이란 이런 의미일 것이다.
 리더는 특권을 누리는 자리가 아니라 팔로워들을 지원하고 지지하는 자리인데, 이들은 자신 외의 누구도 존중하지 않는 부도덕한 품행을 보였기 때문이다.
 다양한 욕구와 가치가 복잡하게 얽혀 있는 현대 사회에서는 명쾌한 정답을 찾기가 어렵다. 그래서 대부분의 사람들에게 두루 통용되는 도덕성이라는 기준이 더욱 중요해진다. 어떤 어려움 속에서도 자신이 '사람'이기를 저버리지 않는 태도를 지녀야 자신이 속한 사회에서의 유효한 해결책을 마련할 수 있다.
 게다가 지금은 투명성의 사회다. 모든 것이 전자적으로 점검되고 검증될 수 있다. 특히 SNS를 통해 순식간에 정보가 공개되고 확산된다.

모든 것이 검증 가능한 사회에서는 숨길 것이 없는 깨끗한 사람일수록 리더십을 발휘할 수 있다.

다섯째, 창조성

우리 역사상 가장 창의적인 인재가 쏟아져 나왔던 시대이자 한글이 만들어진 시대. 세종대왕 치세는 한반도 역사를 통틀어 가장 찬란했던 때였다. 우리 역사상 가장 위대한 리더 중 한 명인 세종대왕은 특히 창조성이 뛰어났다.

세종의 창조성은 자신이 아는 것, 자신이 경험한 것이 전부가 아니라고 믿을 줄 아는 데서 비롯됐다. 어떤 틀에 갇히지 않는 것이었다. 세종은 그 창조성을 바탕으로 구성원들이 각자의 기량을 최대한 발휘하도록 이끌 수 있었다.

세종의 창조성은 세 가지 원칙을 통해 발달할 수 있었다.

지속적인 문제의식

세종 즉위 후 수년 동안 나라는 가뭄에 시달렸다. 세종은 기우제 대신 문제의 근원을 찾아냈다. 조선의 상황에 맞지 않는 중국의 역법을 들여와 농사짓는 방법이 잘못된 데서 문제가 발생했다고 보았다. 세종은 집현전 학자들에게 새로운 역법을 만들 것을 주문하고 당시 관청의 노비였던 장영실을 등용해 하늘을 관찰하는 천문기구를 만들게 하였다. 또한, 전국 최고 농부들의 비결을 정리한 〈농사직설(農事直說)〉을 짓게 하여 널리 배포했다.

세종은 문제가 보이지 않으면 문제를 찾아다녔다. 자신의 생각이, 그리고 당대에 통용되던 방법이 틀릴지도 모른다는 문제의식을 가지고 있었기 때문이다. 그래서 매일 오전에는 윤대를, 오후에는 경연을, 밤에는 구언을 했다. 윤대는 신하와의 독대 시간으로, 영의정이나 우의정 등의 고위층이 아니라 낮은 직급의 신하들과 이야기를 나누는 것이었다. 경연은 신하들이 임금을 가르치는 자리였다. 이때 세종은 나이 든 관료들과 집현전의 젊은 학자들을 동시에 참여시켰다. 그리고 그 자리에서 고위 관료와 젊은 학자 사이에 간극을 발견하면 그를 중요한 문제로 삼아 해결책을 고심했다. 구언은 백성으로부터 이야기를 듣는 시간으로 자신이 놓치고 있는 민심이 없는지를 살폈다.

세종은 관습에 의존하지 않는 시각으로 삶을 불편하게 하는 문제를 발굴해냈으며 그 원인과 해결책도 관습을 따르지 않았다. 다양한 입장의 이야기에 귀를 기울여 자신이 문제라고 생각조차 못 했던 문제가 있는지, 상상하지 못한 획기적인 사고방식은 없는지를 늘 살폈다. 단순한 분석력과 관찰력 차원이 아니었다. 익숙한 것을 익숙해 하지 않고 당연한 것을 당연하다 여기지 않는 전복적인 문제의식이었다. 거기에서 창조적인 깨달음을 얻을 수 있었고, 변화를 신속하게 수용하고 기존의 지식을 창조적으로 활용한 해결책이 나올 수 있었다. 스스로 끊임없이 새롭게 거듭날 수 있었다.

관용과 다양성

성질 나쁜 사람에게 '고약한 사람'이라고들 한다. 그 '고약하다'라는 말은 세종 때에 만들어졌다. 고약해(高若海)라는 이름의 신하는 제 뜻에 맞지 않으면 세종에게 무척 적극적으로 반대를 표했다. 눈을 부라리며 왕을 노려보고 왕 앞에서 보란 듯이 휑하니 나가기도 했다. 그런데 세종은 그를 대사헌에까지 올려주었다. 그래야 다른 신하들도 용기를 내어 말문을 열 수 있다는 것을 알았기 때문이다. 이후 세종은 자신에게 반기를 드는 사람들을 '고약해 같은 놈'이라고 하며, 그 의견을 반겼다.

세종은 반대 의견에 무척 관대했다. 역사상 세종 때만큼 신하들이 왕의 의견에 반대하는 일이 잦았던 때도 없었다. 세종은 사소한 문제부터 큰 문제까지 온통 반대하는 사람들 틈에서 살았다. 반대에 대한 그의 관용은 거의 득도의 경지에 이르렀다. 반대가 주는 다양성의 의미를 깊이 알고 있었기 때문이었다.

서로 다른 의견에 대한 관용이 있어야 다양한 생각이 나올 수 있다. 세종은 제 뜻을 거스르지만 다양하고 창의적인 의견들에 둘러싸여 더 혁신적인 해결책을 마련할 수 있었다.

창조적인 갈등 활용

세종은 신하와 회의를 하면 꼭 싸움을 붙였다. 경연에서 고위 관료들은 대체로 "아니 되옵니다."를 외쳤다. 집현전 학자들은 "해 봅시다."라고 우겼다. 세종은 어느 한쪽 편을 들지 않았다. 왜 안 된다고 하는지, 왜 해볼 만하다고 하는지, 그 둘을 통합할 방법은 없는지를 고민했다.

세종은 단순한 싸움이 아니라 창조적 갈등을 일으켜 새롭게 사고하는 기회를 마련한 것이다. 그를 통해 다양한 측면을 모두 고려할 수 있었고 그에 따라 평소엔 생각지 못했던 창조적 방안이 나왔던 것은 당연한 일이었다.

시대가 변하고 리더의 조건도 달라졌지만 기본적으로 리더는 솔선수범하는 사람이다. 자기가 하고 싶지 않은 일을 남에게 시키지 않을 뿐만 아니라 한 걸음 나아가 남이 하고 싶지 않은 일을 하는 사람이다.

달라진 리더의 조건을 갖추면서 솔선수범의 자세를 가져야 새 시대의 진정한 리더가 될 수 있다. 앞장선 만큼 자기 자신과 자신을 둘러싼 사회에 이바지할 수 있다. 모두가 리더가 되어 모두 혁신적으로 문제에 앞장서고 모두가 서로의 삶에 이바지하게 될 때 진정 새 리더의 새 시대, 새 시대의 새 리더라고 말할 수 있을 것이다.

다시 시작이다. 성공을 넘어 성장으로!
서영, 지민, 승지 성공을 넘어 성장으로

서영의 생일을 맞아 승지와 지민이 서영의 집에 모두 모였다.

지민과 함께 운영하는 블로그의 하루 방문자 수가 500명을 기록하게 된 것도 함께 축하할 일이었다. 왁자지껄 식사를 마친 뒤, '축생일'이 적힌 케이크에 숫자 '500' 초를 꽂고 불을 붙였다.

"잠깐! 케이크 자르기 전에 선생님한테 줄 거 있어요!"

승지가 컴퓨터를 켜더니 어떤 영상을 재생시켰다. 서영의 모습이 영상에 등장했다. 알고 보니 서영이 갱생 프로젝트 일지를 쓰며 자신에게 주는 보상으로 찍었던 서영의 사진을 승지가 스캔하여 뮤직비디오 영상으로 편집한 것이었다. 일주일 전 사진이 너무 많아져 좁은 벽에 다 붙여 둘 수 없게 되자 승지가 사진을 정리하겠다고 자청했었다. 그때부터 승지가 작업한 것이다.

서영이 독서 모임 어르신들과 함께 우스꽝스러운 얼굴을 한 모습, 줄넘기하느라 심령사진처럼 흔들린 모습, 논술 수업 중 얼굴에 온통 빨간색 펜을 묻힌 채 박장대소하는 모습, 동네 아이에게 이마에 알밤 맞는 모습, 성격검사 결과지를 심각하게 정독하는 모습, 오랜

만에 단잠에 든 승지, 멀리서 찍은 책 읽는 지민의 모습, 지민의 멘토와 승지, 서영이 모두 모여 손키스를 날리는 모습 등. 서영이 스스로 명명한 갱생의 나날이 진짜 파노라마로 지나갔다.

"언제 이런 걸 다 했어, 감동적이게."

"뭐, 이 정도쯤이야. 선생님, 생일 축하해요."

"생일 축하해, 서영아. 그동안 많이 컸다, 너."

서영은 벅찬 마음으로 친구들과 자신을 바라보았다. 작년 생일엔 1년 뒤 이런 생일을 맞게 되리라고 상상도 하지 못했었다.

"우리 다 같이 무럭무럭 잘 클 수 있게 해 주시고, 서로를 위하면서 스스로를 잘 돌볼 수 있게 해 주세요. 아니, 그렇게 잘 살게요."

서영은 큰소리로 소원을 말한 뒤 촛불을 껐다.

"선생님, 지민 씨, 우리 '~라면' 놀이해요! 쑥쑥 크는 데에 아주 좋은 놀이거든요!"

"그게 뭔데?"

"각자가 생각하는, 내가 성장할 수 있는 방법을 말해 보는 거예요. 내가 더 똑똑하다면, 내가 더 건강하다면, 내가 더 재미있는 사람이라면, 하는 식으로요. 근데 신체적인 건 안 돼요. 골고루 잘 먹으면 크는 것 말고, 내 마음이 크는 걸 말하는 거니까요."

"재미있겠다! 그럼, 승지 너부터 해봐. 우리 생각 좀 하게."

"음, '내가 주인이라면' 지금보다 더 성장할 수 있을 거로 생각해요. 주인의식을 가지는 거 말이에요.

미국 피츠버그의 한 가구거리에서 어떤 할머니가 가구들을 구경하고 있었대요. 근데 그 날 비가 엄청 오고 있었던 거죠. 그 거리의 가게 점원들은 아무도 그 할머니에게 신경 쓰지 않았는데 단 한 가구점 직원이 나와서 할머니를 그 가게 안으로 모시고 갔어요. 할머니는 가구를 사러온 게 아니라 차가 올 때까지 비를 피해 들어온 것이라면서 미안해했죠. 근데 그 직원은 물건을 강매하기는커녕 할머니가 기다리는 차량 번호를 물어서 메모지에 받아 적고는 몇 번이고 밖에 나가 차가 왔는지 확인해 줬어요. 차가 도착했을 땐 할머니가 안전하게 차를 탈 수 있도록 도와주기까지 했고요. 며칠 후에 그 가구점 직원은 편지 한 통을 받았어요. 발신자는 놀랍게도 미국의 철강재벌 앤드류 카네기(Andrew Carnegie)였어요. 편지에는 이렇게 쓰여 있었죠.

'비가 오는 날 저희 어머니께 베풀어주신 당신의 친절에 감사드립니다. 이제부터 우리 회사에 필요한 가구 일체를 당신에게 의뢰하겠습니다. 또한, 고향 스코틀랜드에 큰 집을 짓는데 그곳에서 필요한 가구도 모두 당신에게 의뢰하겠습니다.'

그 날, 가구점의 그 직원은 실적을 올려야 한다거나 고객을 돈으

로 보는 단순한 직원이 아니었던 거예요. 그 날 그 순간만큼은 가구점의 주인으로서 가구거리에 온 고객을 성심껏 모신 거죠. 그렇게 주인의식을 가지면 작고 평범한 일이란 건 없는 것 같아요. 내가 있는 자리와 내가 처한 상황에서 그 상황에 관한 한 내가 모든 책임과 권한을 가진다고 생각하면 사는 게 더 즐거워질 것 같아요. 불행도 내가 겪어야 하지만 행복도 온전히 내 것인 거죠.

저는 지금까지 엄마 말대로만 움직이거나 엄마에게 반항심을 품고서, 엄마만 의식하면서 살았어요. 제 삶의 주인 노릇을 하지 못했죠. 그러니까 언제 어디서나 내 삶을 내가 만들고 내가 쓴다고 생각하면서 살면 지금보다 더 자랄 수 있지 않을까요."

"맞아. 어른이면서 직장에 다니는 나에게 더 필요한 말인 것 같기도 해. 직장인들도 회사에서 주어진 상황과 조건이 어떠하든 스스로 과장이 되고 팀장이 돼서 다양하게 제안하고 적극적으로 개입하게 되면 정말 많이 달라질 것 같아. 회사라는 공간이 단순히 월급을 받는 곳이 아니라 중요한 비전 파트너로 변할 수도 있는 거지."

"그러게. 나도 배웠어. 그렇지 않아도 승지는 지금 나보다 키도 크고 다리도 긴데 더 쑥쑥 크겠는데. 그럼, 나도 질 수 없으니까 다음은 내가 해 볼게.

난, '모든 것은 지나가니까 지금 이 시기도 지나고 난다면' 지금보다 더 성장할 것 같아. 그냥 무작정 시간이 흐르길 기다려야 한다는 말이 아니라 힘든 순간을 어떤 과정이라고 생각할 수 있어야 한다는 거지.

승지도 카네기를 말했는데, 미국 최고의 부자였던 그 사람도 처음엔 입사면접을 보고 낙방도 경험했었잖아. 그런데 중요한 건, 그 사람은 면접장에서 '필요하면 지금 당장에라도 일을 시작할 수 있습니다'라고 말했고 그 말대로 일을 시작해서 내내 그 마음으로 열심히 했다는 거지. 부자가 되어야겠다, 능력을 인정받아야겠다는 조바심 없이 말이야. 계속 이렇게 실수만 하는 건 아닐까, 영영 능력을 인정받지 못하고 회사에 이바지하지 못하는 건 아닐까, 하는 불안에 지지도 않고.

정말 절박했지만 막상 어떤 일을 하기 시작하면서는 그런 조바심과 불안 때문에 그 시간을 견디기가 너무 힘들어지잖아. 패기 넘치던 신입 사원들은 월급날을 기준으로 뱅글뱅글 공전하는 월급쟁이가 되고, 내 삶을 내 뜻대로 살아보겠다고 직장을 박차고 나왔으면서 막상 초조해서 이러지도 저러지도 못하는 사람도 있고.

현실은 생각만큼 멋지지 않고 만만하지도 않고 처음부터 자신의 마음에 드는 일을 하거나 마음에 드는 자리에 앉아 있을 수는 없지. 부족하게 시작하는 건 당연한 거고 거기서 한 단계 한 단계 기회를 만들어가는 게 나를 위한 행복한 시간이라는 걸 알아야 할 것 같아.

그 과정이 인생의 묘미고 진수니까 말이야. 누군가의 평가는 신경 쓰지 말고 그냥 이 시간과 이 과정을 묵묵히 즐겁게 즐기는 게 중요한 것 같아."

"저도 동의해요. 저도 아직은 학교, 학원, 집밖에 경험해 보지 못했으니까 제가 상상도 하지 못하는 완전히 다른 즐거움과 기쁨이 어딘가에 있을 거라고 분명히 생각해요. 반드시 그래야 하고요! 그 힘으로 버티고 있단 말이죠."

"응, 반드시 그럴 거야. 걱정하지 말고 힘껏 버티자구. 그럼, 이제 지민이 차례야."

"음, 난 '내 지갑이 아니라 삶이 뚱뚱하다면' 더 행복하고 더 성장할 수 있을 거로 생각해.

드라마 작가 같은 필생의 소망을 제외하고, 보통 나 같은 직장인들이 가장 바라는 건 경제적으로 자유로워지는 걸 거야. 돈만 있으면 행복한 가정을 꾸리고 삶을 즐길 수 있을 거로 생각하니까. 그게 행복의 전부라고 생각하니까. 그런데 정말 경제적으로 자유로워지면 삶이 풍요롭고 아름다워질까?

10억 원 이상의 고액 당첨금을 받은 복권 당첨자 500명을 대상으로 설문조사를 했는데, 당첨자의 80퍼센트가 복권 당첨 후 불행해졌다고 답했대. 그 사람들 중 60퍼센트는 경마, 경륜, 도박 등으로 재산을 탕진했고, 절반 이상의 기혼자가 배우자와 돈 문제로 이혼했대. 그 밖에도 무리한 사업을 시도하다가 실패한 사람도 있고, 기부 권유와 돈 좀 달라는 친척들의 요구에 시달린 사람도 있고. 다들 그렇게 바랐던 돈이 생겼는데 꿈꾸던 행복은 얻을 수 없었던 거야.

캐나다에 사는 한 노부부도 한화로 125억 원에 달하는 복권에 당첨됐는데. 그 당첨금 전액을 이웃에 기부했대. 그때 부인은 암에 걸려 치료를 받고 있었는데, '한 번도 가져보지 못한 것은 결국 잃게 돼 있다'라고 말했대. 남편도 '우리가 얻은 돈은 아무것도 아니다. 우리에겐 서로가 있다'라고 말했다고 하고. 정말 멋진 정신력의 소유자이지 않니?

돈은 거의 모든 것의 교환수단이니까 당연히 중요할 수밖에 없어. 하지만 돈은 정말 교환수단 그 이상도 이하도 아닌 거지. 돈을 더 벌려고, 돈을 더 벌지 못할까 봐 아등바등하지 않고 그 돈으로 얻을 수 있을 것이라고 생각한 행복에 더 집중해야 한다고 생각해. 각자가 꿈꾸는 행복은 사실 돈으로는 이룰 수 없는 거니까. 수당을 받기 위해서 야근을 했다면 오늘 이렇게 파티에 참석하는 기쁨도 누리지 못했을 거잖아? 이 시간을 내가 얼마를 준다고 한들 어디 가서 살 수 있겠어? 이렇게 교육원에 다니면서 내 꿈을 준비하고 좋아하는 사람들과 웃고 떠들면서 살기 위해 돈을 버는 건데. 돈을 벌려고 이 시간을 다 갖다 바치고 지금의 행복을 연기하는 거, 그게 정말 가난한 거지. 지갑이 뚱뚱해진다고 해도 그게 가난한 거야."

서영과 승지는 만세를 부르며 지민의 말에 동의했다.

"성공하면 어른인 줄 알았는데, 그게 아니었어요. 성장해야 어른인 거지. 진짜 어른, 진짜 자기 자신이 된다면 성공과 돈은 따라오든지 말든지 하겠죠?"

승지의 말에 서영과 지민은 승지 이마에 '딱!' 알밤을 놓고는 다 같이 웃었다.

나도 이들이 했던 '~라면' 놀이에 동참해 본다면, '셀프 리더가 된다면' 내가 더 성장할 수 있을 것이라고 말하겠다.

솔직히 고백을 하자면 나는 늘 쫓기듯 살아왔다. 빨리 풍족해지고 싶었고, 빨리 성공하고 싶었으며, 빨리 큰 영향력을 행사할 수 있는 사람이 되고 싶었다. 내가 어떤 사람인지, 내가 진짜 원하는 것이 무엇인지는 관심도 없었고 그런 고민이 필요하다는 생각도 하지 못했다. 남들이 말하는 훌륭한 삶의 기준을 목표로 달렸고, 그 기준을 넘기면 분명 행복할 것으로 생각했다. 그래서 늘 주변의 평판과 인정에 목말라 했다. 자신감과 자존감은 바닥이었다. 모두가 훌륭하다고 말하는 방식으로 사는데도 마음의 허기가 가시지를 않아 돈을 버는 데에 더 집중했다. 앞서 말했듯 재테크 책이란 책은 모조리 읽고 강의란 강의는 모두 쫓아다녔으며 자는 시간 외엔 투자 방법을 고민하는 것이 일이었다. 그 덕에 많은 돈도 만져봤고, 세상과의 경쟁에서 이겨도 봤다.

하지만 그런데도, 그런데도, 내가 할 수 있는 모든 걸 다 했는데도 행복하지 않았다. 공허하고 불행했다. 젊음을 다 바쳐 번 돈도 결국엔 어디론가 사라지고 없었다. 몸이 부서져라 헌신했던 회사에서도 쫓기듯 나와야만 했다.

남들이 아무리 훌륭하고 좋다고 말해도 영원한 건 없다는 것을 깨달았다. 내가 속한 기업이란 간판이 내 인생의 큰 비중을 차지한다고 생각하고 내게 평온한 생활을 끝까지 보장해 줄 것만 같지만 회사와 나는 언제든지 서로를 배신할 수 있다. 삶의 절대적 기준이던 돈도 내 의지와 상관없이 사라질 수 있다.

순수하게 나로부터 비롯되지 않은 모든 것은 온전히 내 것일 수 없었다. 나는 나 이외의 것들만 쫓아왔으며, 그러므로 결국 내 삶은 없었다는 것을 깨달았다. 깨닫고 보니 어느새 중년의 나이가 되어 있었다.

그래서 이제 잃어버린 청년 시절을 다시 살려고 한다. 진정 내가 원하는 것이 무엇인지, 내가 어떤 사람인지를 늘 주의 깊게 들여다보면서 삶의 비전과 목표를 세우고자 한다. 나이가 들어 얻은 냉철한 현실 인식을 바탕으로 나의 청년 정신을 균형 있게 실현하려고 한다. 내가 살아온 나날보다 세상은 더 불확실하고 각박해졌지만 그럴수록 다른 무엇에 흔들리지 않고 나 자신에 충실하게 살고자 한다. 나만의 관점과 솔직함으로 현재와 미래를 조망하고 더 나아가 세상에 보탬이 되고자 한다.

내가 나를 바로 세우는 삶, 그것이 셀프 리더의 모습일 것이며 셀프 리더십의 시작일 것이다. 진정한 나 자신으로 살기를 선택한 순간, 청년으로 어려졌지만 실은 한참 성장했을 것으로 믿는다. 그리고 앞으로 셀프 리더가 되어 더욱 어려지고 더욱 성장할 것으로 믿는다.

모두에게 묻는다.

당신은 당신을 존경하는가?
진심으로 가슴이 뜨거웠던 적이 있었던가?

온전한 나를 잊고 있었다면, 이제 진짜 위대한 나로 살기를 다짐하자! 그것이 바로 혼자 강해지는 힘, 셀프 리더십의 시작이다.

실전 마케팅에 도움이 되는
콘텐츠 6가지

책 상세보기

감성설득
송감찬 지음 | 16,000원

공감 실전화술
하코다 타다아키 지음 | 15,000원

모임의 기술
엔도 아키라 지음 | 16,000원

세일즈레터 & 카피라이팅
댄 케네디 지음 | 16,000원

콜드콜링
요시노 마유미 지음 | 16,000원

실패율 0% Sales 인간관계 Lesson 50
홀 베커 지음 | 15,000원

부자의 지혜를 얻는
잠언서

책 상세보기

우리가 꼼수 마케팅에 당하는
40가지 사례

이타쿠라 유이치로 지음 | 15,500원

부자 되는
15가지 방법

임준범 지음 | 14,800원

나를 변화시키는
마법의 콘텐츠를 확인해보세요

책 상세보기

나를 둘러싼 200가지 고민에 대한
명쾌한 명언 해설서

책속의 처세 지음 | 13,000원

내 인생을 바꾸는
60가지 비밀

존 디마티니 지음 | 안양동 옮김 | 14,000원

나를 깨우는
240가지의 지혜

최영환, 김창수 공동 지음 | 14,000원